초등학생이 알아야 할
참 쉬운 지리와 세계

미나 레이시,
라라 브라이언, 사라 힐 글

웨슬리 로빈스
그림

새뮤얼 고램
디자인

로저 트렌드 박사
감수

고정아 옮김

차례

지리학이란 무엇인가요? 　　　　　　　　　　　　　　　　　4

제1장 지구 속 여행　　　　　　　　　　　　　　　14
지구가 무엇으로 만들어졌고, 어떻게 작동하는지,
또한 우리가 지구에 관해 어떻게 알 수 있는지 살펴보아요.

제2장 날씨와 기후　　　　　　　　　　　　　　　30
지구의 대기는 무엇으로 이루어져 있는지,
날씨와 기후는 어떤 차이가 있으며
전 세계 사람들의 삶에 어떤 영향을 미치는지 알아보아요.

제3장 물로 이루어진 세계　　　　　　　　　　　44
강과 바다, 얼음 등 물이 만들어 낸 환경이
사람들의 삶에 어떤 영향을 미치는지 알아보아요.

제4장 촌락과 도시　　　　　　　　　　　　　　　56
사람들이 어디에 살고, 왜 그곳에서 사는지,
또한 사람들이 자기가 사는 장소를 어떻게 바꾸는지 알아보아요.

제5장 돈과 권력과 세계　　　　　　　　　　　　76
나라와 국경이 어떻게 작동하는지,
왜 세상에는 힘센 나라와 약한 나라가 있는지 알아보아요.

제6장 더 나은 삶을 위해　　　　　　　　　　　92
지리학의 도구들을 이용해 다양한 나라의 생활 방식을 알아보고,
사람들의 삶을 개선할 수 있는 방법을 찾아보아요.

제7장 중대한 문제들   100
    지리학이 던지는 중대한 질문에는 어떤 것이 있나요?
    앞으로 풀어야 할 지리학의 수수께끼에는 어떤 것이 있나요?

지리학은 *어디서든* 할 수 있어요!   120

낱말 풀이   122
지리학 분야의 직업   124
찾아보기   126
이 책을 만든 사람들   128

위에서 본 태풍의 모습

인터넷에서 자료 찾기

어스본 바로가기(usborne.com/quicklinks)에 방문해서 검색창에
'**Geography for beginners**'를 입력해 보세요. 지리학에 관련된
다양한 영상을 볼 수 있고, 지리학 퍼즐과 수수께끼도 풀어 볼 수 있어요.

'어스본 바로가기'에서는 인터넷 안전 지침을 지켜 주세요.
어린이가 인터넷을 사용할 때는 보호자의 지도가 필요합니다.

지리학이란 무엇인가요?

지리학은 사람과 장소에 관한 학문이에요. 사람과 장소가 서로 어떻게 영향을 주고받는지 연구해요. 왜 어떤 곳은 사막이 되고 어떤 곳은 숲이 될까요? 사람들이 도시를 건설하는 곳은 어떤 특징이 있을까요? 자연환경은 그곳에 사는 사람들에게 어떤 영향을 미칠까요? 이런 게 바로 지리학이 던지는 질문들이에요.

착한 외계인들이 지구를 내려다보며 호기심을 느꼈다고 상상해 보아요.

어? 저 행성은 좀 달라 보이네.

저 행성에도 우리처럼 지능이 높은 생명체가 살까?

만약 그렇다면 무슨 일을 하고 어떻게 사는지 궁금한걸.

직접 알아보자고! 착륙 준비.

나는 이 복닥거리고 활기찬 곳이 마음에 들어. 여기를 탐구해야겠어.

너무 시끄러워! 난 좀 더 조용하고 푸르른 곳을 찾아봐야겠어.

이 세상을 외계인의 눈으로 바라보는 것도 지리학자처럼 생각하는
한 가지 방법이에요.

왜 집들을 언덕 꼭대기에 지어 놓은 거예요?

강가의 낮은 땅에는 홍수가 자주 일어나고,
습지에서는 나쁜 질병이 생기기 쉽거든.
또 높은 언덕에 있으면 먼 곳에서 일어나는 일도
잘 보이니까 안전하다고 느낄 수 있어.

하지만 왜 하필 저기 저 언덕들이에요?

저기가 강을 건너기에 가장 좋은 곳이거든.
강을 이용하면 다른 지역으로 가서 무역*하기가 편하니까.

*나라와 나라, 지역과 지역 사이에
서로 물건을 사고팔거나 교환하는 일

다른 이유는 없나요?

다른 이유도 있지. 이 지역은 근처의 화산 때문에
흙이 비옥해서 올리브나무와 포도나무를 키우기 좋거든.
화산재로 콘크리트도 만들 수 있지.

지리학은 사람들이 *왜* 특정한 장소에서 사는지,
각각의 지역에 *어떤* 산업이 발달하는지 알아내려는 학문이에요.

앞으로는 어떻게 될까요?

요즘에는 사람들이 점점 언덕 아래로 내려오려고 해.
최근에 거센 폭풍이 자주 불었는데,
그럴 때는 언덕 아래쪽이 좀 더 안전하니까.
그래서 습지의 물을 빼고 저지대의 홍수를 막을 방법을 찾고 있어.

아하! 그러니까 지리학은
사람이 지구 때문에 변하고,
또 지구가 사람 때문에 변하는 걸 연구하는군요.

지리학은 모든 것과 관련이 있어요

지리학에서 던지는 질문은 아주 광범위해서 다른 학문 분야와 주제가 겹칠 때가 많아요. 그래서 지리학 안에서도 연구 갈래에 따라 학자마다 서로 다른 내용에 집중해요.

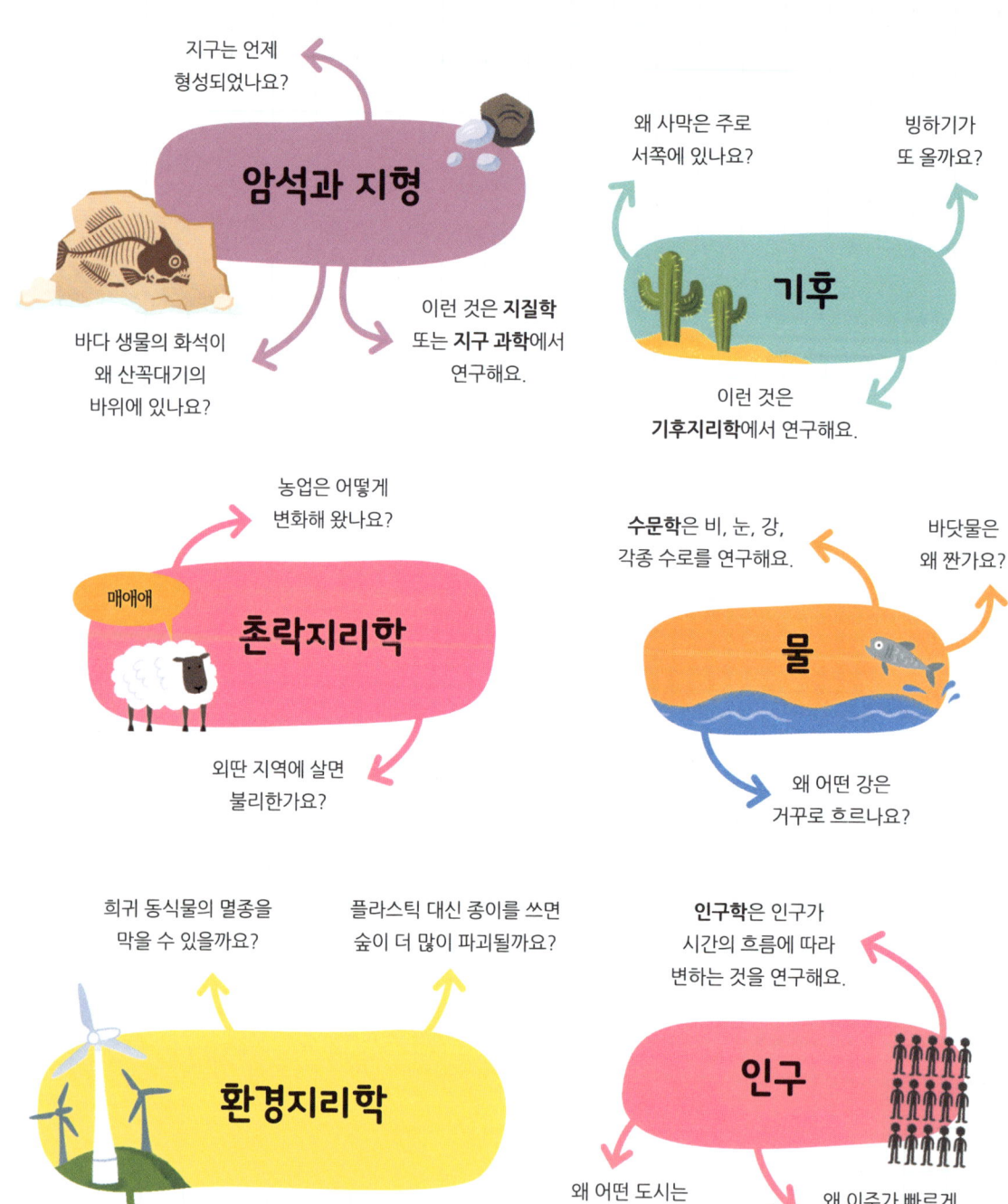

식당이나 카페가 지역을 어떻게 바꾸나요?

아하, 이 모든 게 다 지리학이군!

도시지리학

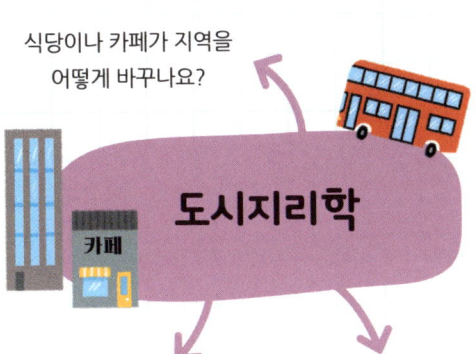

건물을 짓지 말고 녹지를 보호해야 할까요?

사람들은 어떤 곳에서 살고 싶어 하나요?

언어는 어떻게 전 세계로 퍼져 나가나요?

문화와 사회

왜 어떤 나라는 혼자 사는 사람이 많고 어떤 나라는 그렇지 않은가요?

얼음 폭풍은 왜 생기나요?

날씨

폭풍이나 홍수는 얼마나 일찍 예측할 수 있나요?

이런 것은 **기후학** 또는 **기상학**에서 연구해요.

나라란 무엇인가요?

정치지리학

왜 석유 때문에 분쟁이 일어나나요?

국경이 바뀌는 이유는 무엇인가요?

정부는 어떻게 빈곤을 막을 수 있나요?

개발

나라마다 기대 수명이 다른 까닭은 무엇인가요?

첨단 기술 회사들은 어디에 자리 잡고 있나요?

경제지리학

고속 철도는 얼마나 중요한가요?

7

지리학자는 무슨 일을 하나요?

지리학자는 다양한 장소를 답사하며 그곳에서 무슨 일이 일어나는지 살펴보아요.
어떤 변화가 일어나고 있는지, 또 그 이유는 무엇인지 알아보려는 거예요.
과학적인 방법을 이용한 연구도 하지만,
직접 돌아다니면서 구석구석 살펴보고 사람들에게 질문도 해요.

지리학자들은 질문의 답을 찾기 위해 정보를 모아요.
이런 정보를 **자료** 또는 **데이터**라고 하지요.
지리학자들은 갖가지 다양한 방법으로 자료를 수집해요.

사람들과 대화하기

언제부터 여기 사셨나요?

설문 조사
지난 20년 동안 마을이 어떻게 변했나요?

측정하기

이 공기 샘플로 이 지역 공기가 얼마나 오염되어 있는지 봐야지.

수 세기

정오에 장 보는 사람은 몇 명일까?

그림과 글로 기록하기

지리학자는 책, 신문, 잡지 또는 도서관과 인터넷의 공공 기록을 뒤지며 데이터를 찾아요.

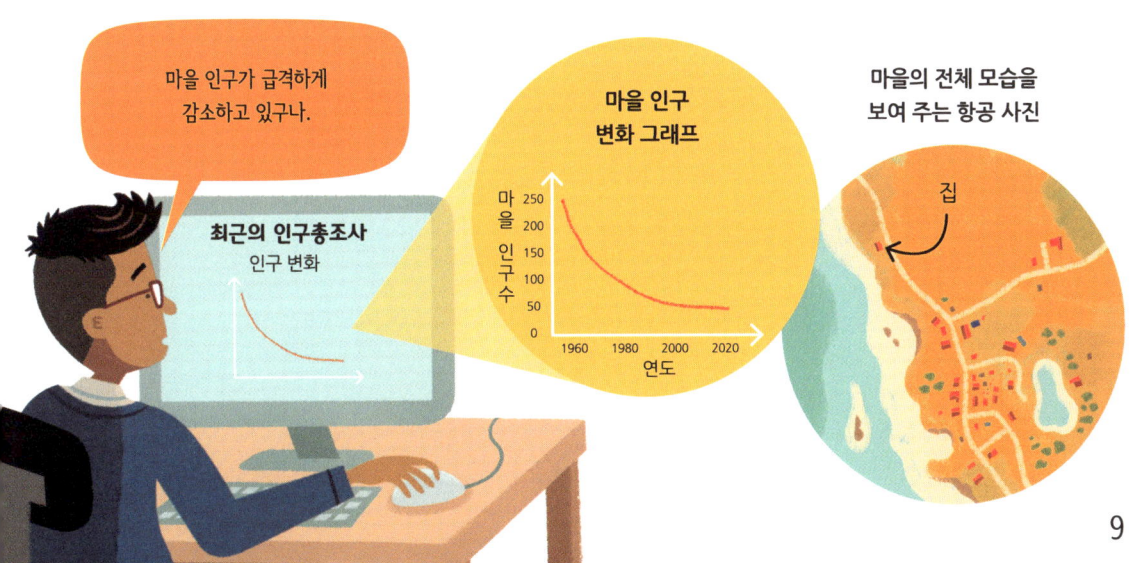

마을 인구가 급격하게 감소하고 있구나.

최근의 인구총조사
인구 변화

마을 인구 변화 그래프

마을의 전체 모습을 보여 주는 항공 사진

집

세계를 지도에 담아요

지도는 지리학에서 필수적인 도구예요. 지도는 어디에 무엇이 있는지 분명하게 보여 줘요. 하지만 세계는 3차원인데 지도는 평면이라서, 정확한 지도를 만드는 일은 생각만큼 쉽지 않아요.

둘 다 지구를 그린 세계 지도인데…

…완전히 다르게 생겼어요!

북극 / 그린란드 / 태평양 / 대서양 / 아프리카 / 태평양 / 적도 / 남극

남극 / 대서양 / 적도 / 대서양 / 태평양 / 아프리카 / 그린란드 / 북극

대서양을 가운데에 두면 대서양이 태평양보다 더 중요해 보이지. 태평양은 양쪽으로 갈라져 있으니까.

이 지도는 남극이 위에 있고 태평양이 가운데 있어. 대서양은 두 부분으로 갈라져 있고.

지도를 만들 때, 배치 방식에 따라서 강조하는 지역이 달라져.

이렇게 지도를 바꾸면 세상을 보는 시각도 달라져.

이상하지? 위의 두 지도에서는 그린란드가 아프리카하고 크기가 비슷해 보이잖아.

하지만 지구본에서는 각 지역의 상대적 크기가 그대로야. 이걸 보면 아프리카의 크기가 그린란드의 14배가 넘어.

지구를 지도에 담는 방법은 아주 다양해요.
지도를 만드는 사람이 누구인지, 무엇에 흥미를 느끼는지,
어떤 관점을 가지고 어떤 선택을 하느냐에 따라 지도의 모양이 달라져요.

그린란드 / 아프리카

지도를 사용해요

지도는 어떤 장소의 모습을 시각적으로 명확하게 보여 줘요.
사람들이 쉽게 알아볼 수 있도록 하려면
지도를 그릴 때 무엇을 넣고 무엇을 뺄지 잘 생각해야 해요.

지도의 목적 가운데 한 가지는, 어떤 장소의 위치를 정확히 알려 주어서 쉽게 찾을 수 있게
하려는 거예요. 그래서 지도에 수평선과 수직선을 넣어 구역을 나누기도 해요.
지도를 동서로 지나가는 수평선을 **위도선**, 남북으로 지나가는 수직선을 **경도선**이라고 불러요.
지구 위의 모든 장소는 위도선과 경도선이 교차하는 지점의 **좌표**로 표시할 수 있어요.

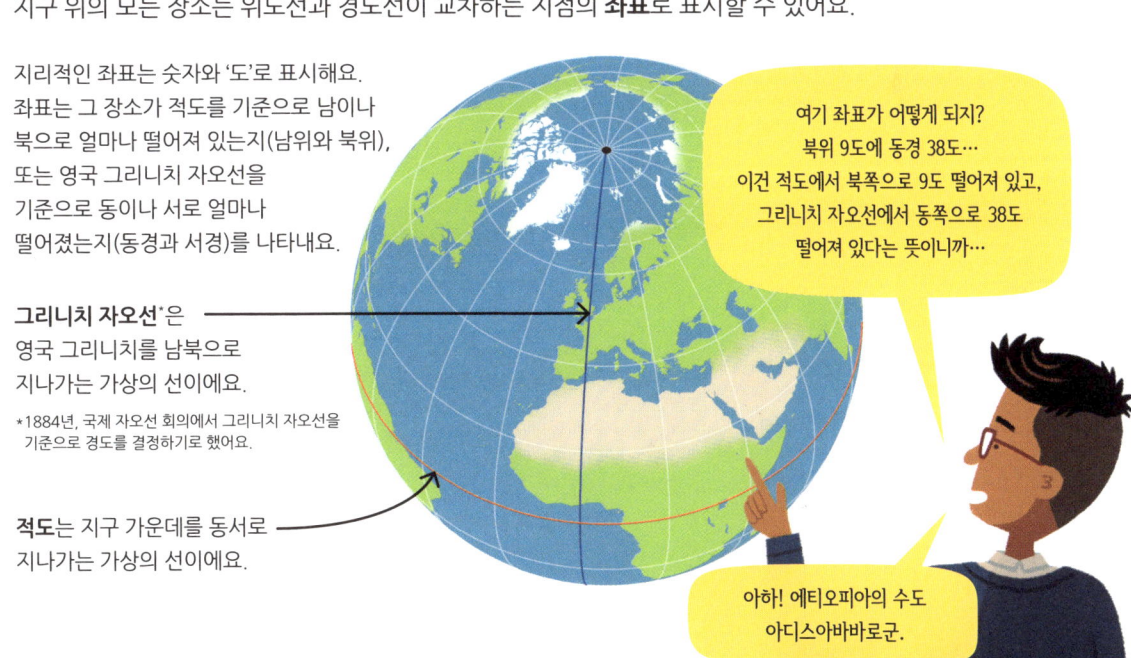

지도와 데이터의 결합

지리학 연구에서는 여러 종류의 데이터를 한 지도에 결합해서 나타내는 일이 많아요.
이때 사용하는 정보 기술을 '지리 정보 시스템(GIS)'이라고 해요.

지리 정보 시스템을 이용해 지리학자들은 주택, 기후 변화, 홍수 지역, 위성 이미지 등 다양한 분야의 데이터를 하나의 지도에 담아서 연구해요.

지리 정보 시스템의 지도를 보면, 관련 없어 보이는 데이터 사이의 연결점과 패턴을 쉽게 찾을 수 있어요.

- ■ 사람이 사는 집
- ■ 지난 5년 사이에 버려진 집
- ― 지난 5년 사이에 홍수가 일어난 지역
- ― 6~10년 전에 홍수가 일어난 지역
- ― 11~15년 전에 홍수가 일어난 지역

위의 지리 정보 시스템 지도를 보면, 어떤 지역을 떠나는 사람의 수와 그 지역에서 발생한 홍수 사이의 연관성을 짐작해 볼 수 있어요. 홍수가 점점 크게 자주 일어나면서, 사람들이 그 이전까지 잘 살고 있던 강가 지역을 떠나게 된 것이 아닐까 하고요.

사람들은 실생활에서 지리 정보 시스템을 생각보다 많이 사용해요. 자동차 내비게이션이나 각종 지도와 앱에도 쓰이고 있거든요.

폭포까지 가는 길을 어떻게 찾을 건가요?

내 전화기에 지리 정보 시스템 지도가 깔려 있어. 위성 데이터와 이 지역 지도를 결합해서 이 동네 명소의 위치를 표시해 줘.

가장 빨리 가면서 중간에 좋은 카페가 있는 길을 찾을 수도 있나요?

그럼, 검색창에 '카페'를 입력하면 지도에 이 지역에 있는 모든 카페가 나와. 또 교통 정보를 확인해서 어느 길로 가는 게 가장 빠른지도 알 수 있어. 지리 정보 시스템은 정말 편리해.

지리 정보 시스템은 건강과 환경의 연관성을 파악하는 데 특히 유용해요. 이 기술 덕분에 전 세계적으로 수많은 질병의 치료 방법이 완전히 달라졌어요.

나는 지리 정보 시스템을 이용해 이 도시에서 질병이 퍼지는 방식을 연구해요. 지도를 보니까… 여기서 시작된 것 같아요.

이 아이디어는 영국 의사 존 스노의 획기적인 발견에서 비롯되었어요. 스노 박사는 컴퓨터가 세상에 나오기 한참 전인 1854년에 런던에 콜레라라는 병이 퍼지자, 그것을 조사하려고 지도 위에 관련 데이터를 표시했어요.

예전에 콜레라는 생명을 위협하는 병이었어요. 19세기 초에 대다수 의사는 콜레라가 공기로 퍼진다고 생각했어요.

하지만 스노 박사는 그 병이 물을 통해 퍼진다고 생각했고, 자신의 생각을 증명할 방법을 찾았어요.

런던의 소호 지역에 콜레라가 퍼졌을 때, 스노 박사는 지도에 콜레라 환자 발생지와 우물 펌프의 위치를 함께 표시했어요.

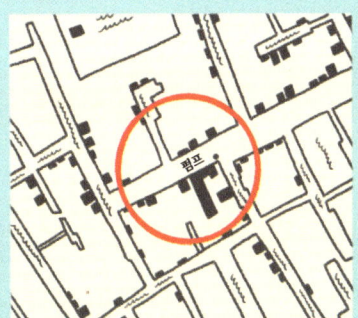

스노 박사의 지도를 보면 특정한 펌프 주변에서 콜레라 환자가 특히 많이 발생한 것을 알 수 있어요.

그 펌프를 쓰지 못하게 펌프 손잡이를 빼 버리자, 소호의 콜레라는 금방 사그라들었어요.

사용 금지

스노 박사의 지도는 불결한 물 때문에 콜레라가 생긴다는 것을 증명했어요. 덕분에 수많은 사람의 목숨을 구할 수 있었지요.

제1장
지구 속 여행

지구 위에서 벌어지는 많은 일이 사실은
'지구 속'의 일 때문에 일어나요. 화산이 폭발하는 것도,
산이 높이 솟아 있는 것도, 먼 길을 이동하는 동물들이
길을 잘 찾아가는 것도 모두 지구 속 때문이지요.

하지만 지구 속을 탐험하기는 쉽지 않아요.
지리학자들은 암석이나 땅의 진동 같은 것을 실마리로
지구 내부를 연구해요. 지금까지 지리학자들이
지구에 관해 무엇을 알아냈으며, 어떻게 알아냈는지,
또 아직 밝혀내지 못한 것은 무엇인지 살펴보아요.

그토록 오래전 일을…

어떻게 알아내나요?

이런 것들을 실마리로 연구해요.

판의 움직임

지구의 표면은 여러 개의 **지질 구조판**으로 나뉘어 있는데, 지질 구조판들은 느리게 움직여요.

그 결과, 수백만 년에 걸쳐 지구 표면에서는 대륙 이동 같은 변화가 많이 일어났어요.

지질 구조판의 경계

빙상

빙상은 넓은 지역을 덮는 빙하를 말하는데, 눈이 수십만 년 동안 겹겹이 쌓여서 생긴 얼음이에요.

빙상을 깊이 파서 길쭉한 얼음 조각을 캐내면 겹겹의 층을 볼 수 있어요.

과학자들은 얼음에 갇힌 공기 방울을 연구해서, 그 당시의 공기가 어떻게 구성되었는지 알아내요.

암석

암석은 아주 오랜 세월을 견딜 수 있으므로, 지구 초기의 역사에 대해 여러 가지를 알려 줄 수 있어요.

이런 종류의 암석은 해저 화산이 폭발할 때 생기지요. 그러니까 이 암석이 생겨났을 때 지구에는 이미 물이 있었다는 걸 알 수 있어요.

38억 년 된 베개용암

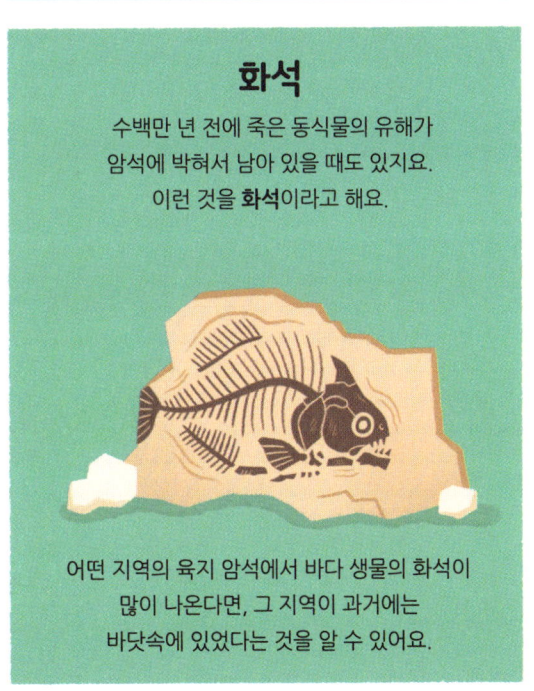

화석

수백만 년 전에 죽은 동식물의 유해가 암석에 박혀서 남아 있을 때도 있지요. 이런 것을 **화석**이라고 해요.

어떤 지역의 육지 암석에서 바다 생물의 화석이 많이 나온다면, 그 지역이 과거에는 바닷속에 있었다는 것을 알 수 있어요.

지구의 속은 어떻게 생겼을까요?

지구 내부는 여러 개의 층으로 이루어져 있는데,
이 층들은 안으로 들어갈수록 점점 더 뜨거워져요.
다음은 지금까지 지리학자들이 지구의 내부에 관해 밝혀낸 사실이에요.

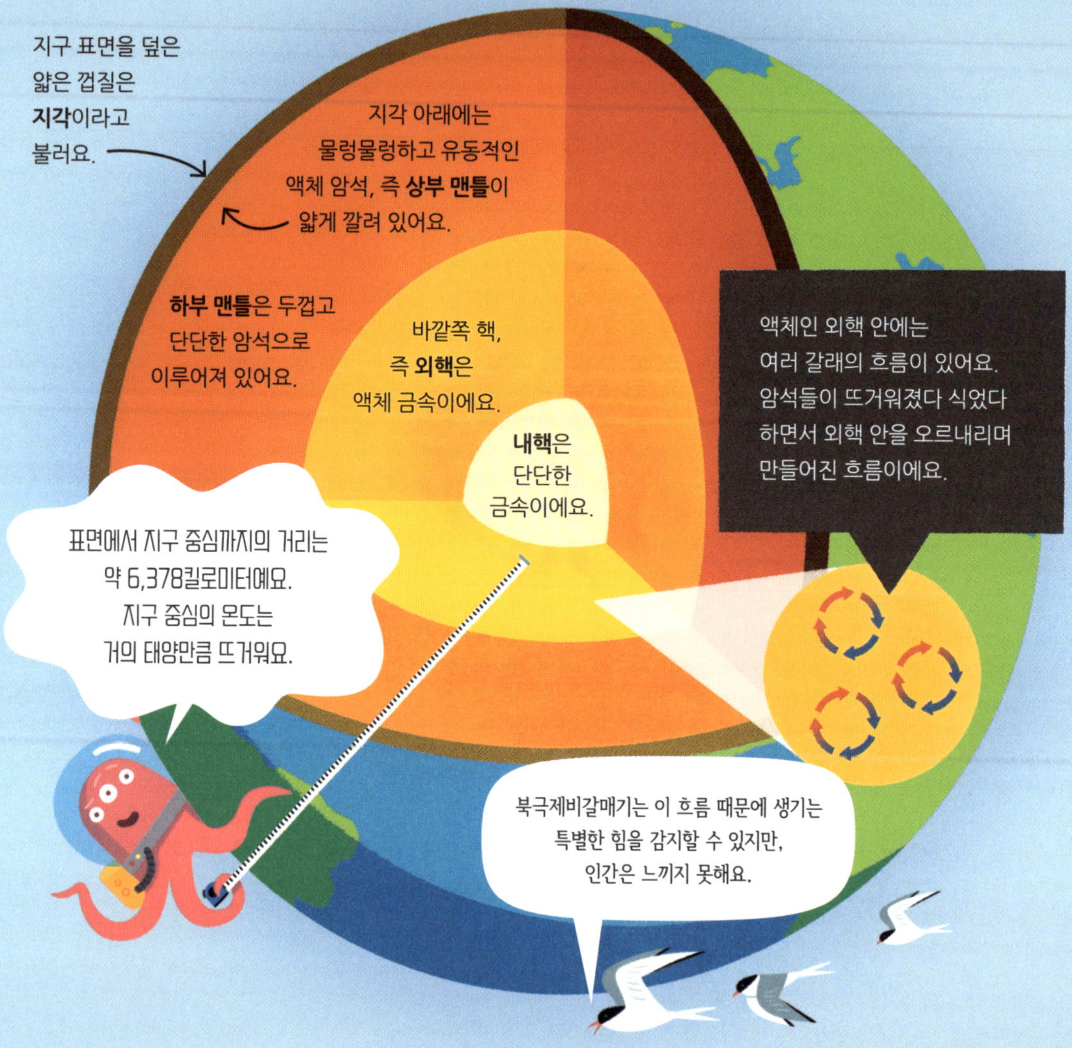

지구 표면을 덮은 얇은 껍질은 **지각**이라고 불러요.

지각 아래에는 물렁물렁하고 유동적인 액체 암석, 즉 **상부 맨틀**이 얇게 깔려 있어요.

하부 맨틀은 두껍고 단단한 암석으로 이루어져 있어요.

바깥쪽 핵, 즉 **외핵**은 액체 금속이에요.

내핵은 단단한 금속이에요.

액체인 외핵 안에는 여러 갈래의 흐름이 있어요. 암석들이 뜨거워졌다 식었다 하면서 외핵 안을 오르내리며 만들어진 흐름이에요.

표면에서 지구 중심까지의 거리는 약 6,378킬로미터예요. 지구 중심의 온도는 거의 태양만큼 뜨거워요.

북극제비갈매기는 이 흐름 때문에 생기는 특별한 힘을 감지할 수 있지만, 인간은 느끼지 못해요.

외핵의 흐름 때문에 지구는 자성, 즉 자석과 같은 성질을 띠어요.
그 원리는 아직 완전히 밝혀지지 않았지만,
이 자성은 외핵의 흐름이 전기를 만들어 내면서 생겨나요.

이 때문에 지구의 남극과 북극은 자성을 띤 물체를 끌어당기거나 밀어내요.
그래서 북극과 남극을 **자북극**, **자남극**이라고도 불러요.
나침반 바늘이 항상 북극을 가리키는 이유도 이 때문이에요. 새들도 이 자성을
느낄 수 있으므로, 먼 길을 이동할 때 이를 이용해서 방향을 찾아요.

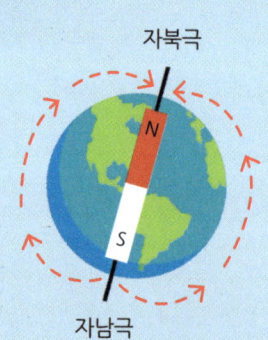

자북극

자남극

인간이 땅속으로 가장 깊게 판 구멍은 12.2킬로미터 깊이였어요.
이 일에는 22년이라는 긴 세월이 걸렸지만, 이건 지각 두께의 3분의 1 정도밖에 되지 않아요.

지구 내부를 직접 볼 수는 없어요.
하지만 특별한 장치를 사용하면 그 안에서 벌어지는 일을 들을 수는 있어요.

그 소리를 가장 잘 들을 수 있는 때는 **지진**이 발생해서 지구가 흔들릴 때예요.
지진계라고 하는 기계는 지구 속으로 지나가는 충격파를 기록해요.

러시아 콜라의 초심층 시추공*
*과학 연구를 위해 지각을 최대한 깊게 뚫은 구멍(러시아 콜라반도)

아래쪽은 어떤가요?

암석이 가득하고 과학자들의 예상보다 두 배는 뜨거워. 그래서 더는 팔 수 없었어.

깊이 12.2킬로미터

핵 방향
6,365.8킬로미터 남음.

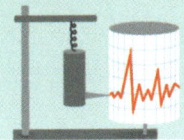

충격파는 어떤 물질을 지나가느냐에 따라 속도와 방향이 달라져요.

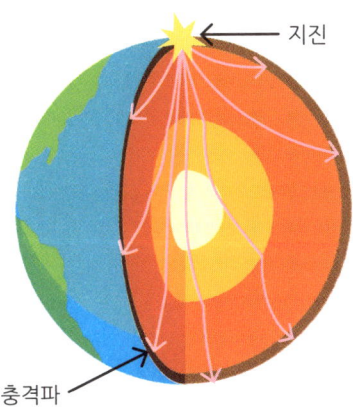

지진

충격파

이런 성질을 이용해 과학자들은 각각의 층이 무엇으로 이루어져 있는지, 그 물질이 고체인지 액체인지를 알아내요.

지구인들은 자기 행성의 내부에 관해서는 아는 게 별로 없는 것 같군요.

맞아. 우리는 합리적으로 추측할 뿐이야. 하지만 초심층 시추공 사례에서도 알 수 있듯이 틀릴 때도 많아. 아직 갈 길이 멀지.

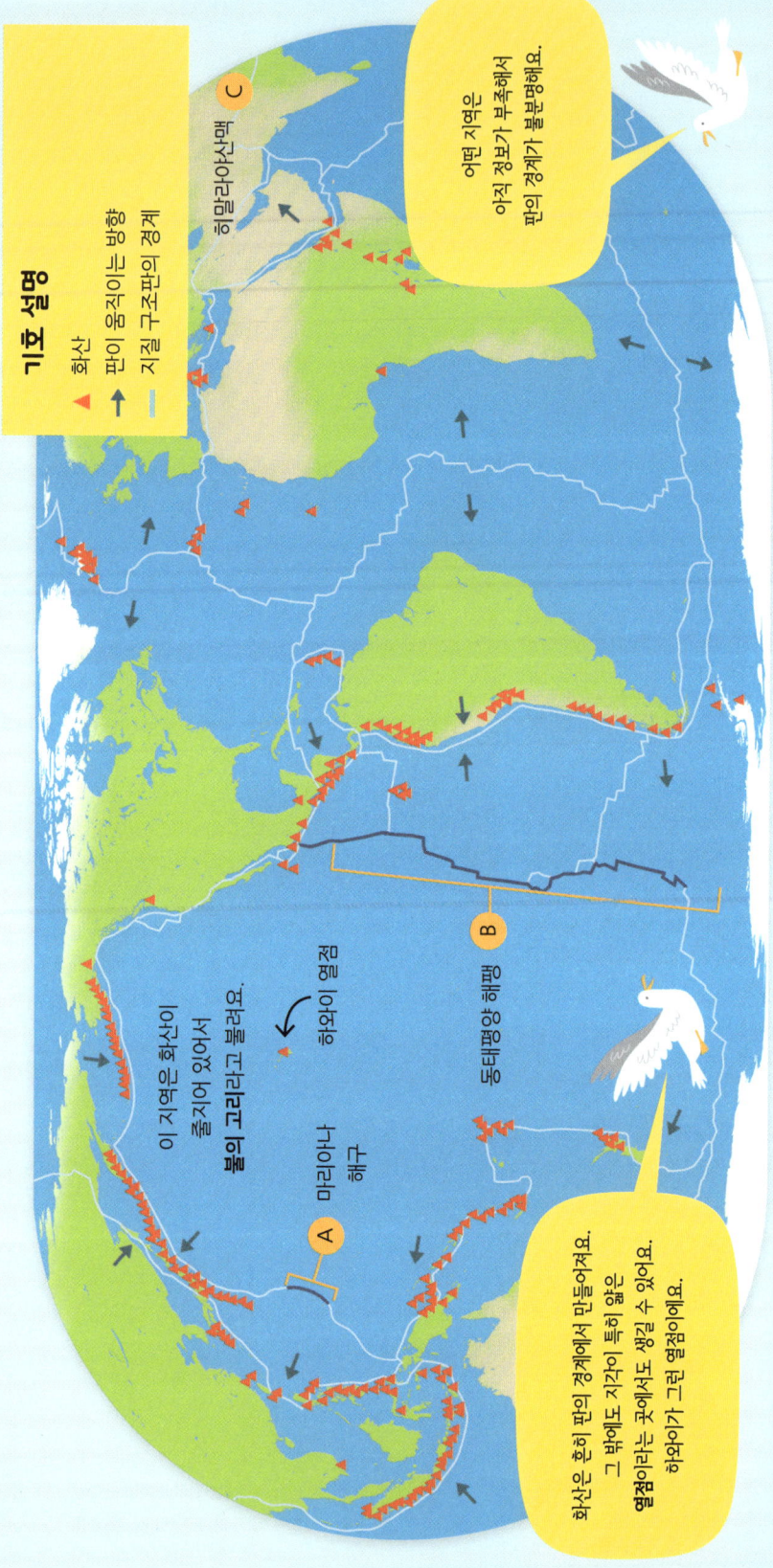

산

맞물든 두 개의 판이 서로를 밀면 그 부분이 지각이 위로 솟아올라서 높은 산이 되어요.

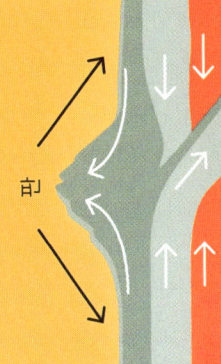

C 히말라야산맥은 이렇게 해서 생겨났어요. 그리고 여전히 조금씩 높아지고 있어요.

화산 폭발

화산 폭발은 **마그마**가 지각 틈새를 뚫고 분출하는 일이에요. 이 일은 대개 지질 구조판 가장자리나 해령이나 해팽 또는 해구 근처에서 일어나요.

아래쪽 판의 암석이 녹았다가 지각 틈새로 솟아올라요.

해령과 해팽

해저의 판들이 서로 멀어지면, 그 아래를 흐르던 뜨거운 액체 암석, 즉 **마그마**가 솟아 나왔다가 식으면서 새로운 지각을 형성해요. 그중 경사가 가파른 것은 '해령', 경사가 완만한 것은 '해팽'이라고 해요.

B 동태평양 해팽은 판이 세계에서 가장 빠른 속도로 멀어지고 있어요. 해마다 16센티미터씩 움직여요.

쓰나미

지진이 나거나 화산이 폭발하면 바다속에서 엄청난 양의 물이 움직여요. 이 움직임으로 인해 바다에서 진동이 밀려와요.

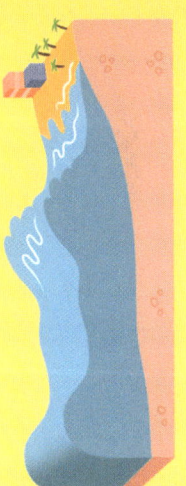

이 진동이 해안가의 얕은 물에 도달하면, 한데 뭉쳐서 **쓰나미**라는 거대한 파도를 이루어요.

해구

두 개의 판이 바닷속에서 서로를 밀면 한쪽 판이 아래로 들어가서 해저의 계곡, 즉 '해구'를 만들어요.

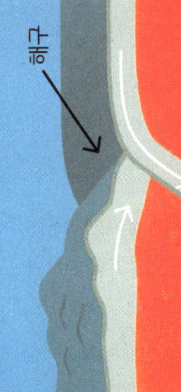

A 마리아나 해구는 깊이가 해수면에서 11킬로미터나 돼요. 세계에서 가장 깊은 해구예요.

지진

판들이 바다 밑이나 육지에서 움직이다가 서로 부딪히고 걸릴 때가 있어요.

그러면 암석들이 무너지고, 그 충격 때문에 생긴 진동이 지각을 뚫고 전해져요. 이것이 **지진**이에요.

화산 마을의 삶

우리를 둘러싼 땅은 우리 삶의 모든 면에 영향을 미쳐요.
특히 무서운 활화산 근처에 산다면, 그 영향은 더욱 클 수밖에 없지요.
콩고민주공화국에 있는 니라공고산이 바로 그런 활화산이에요.

화산이 폭발하면 화산재가 내려앉아 농작물을 망쳐요. 하지만 시간이 지나면 그 재가 거름이 되어서 오히려 농사에 도움을 주지요.

니라공고산

비옥한 흙 덕분에 정글에는 생물들이 잘 살 수 있는 환경이 만들어져요. 전 세계 마운틴고릴라의 3분의 1이 이곳에서 다양한 식물을 먹으며 살아요.

화산 지역의 암석에는 과거 화산 폭발 때 지표면으로 올라온 희귀하고 값비싼 금속이 가득해요. 하지만 그것을 캐내는 광산의 일꾼들은 가혹한 노동에 시달리는 경우가 많아요. 때로는 총칼로 무장한 집단들이 광산을 차지하려고 싸우기도 해요. 구리나 코발트 같은 금속을 팔면 큰돈을 벌 수 있기 때문이에요.

우적우적

국립 공원을 만들자, 관광객들이 찾아오고 마을 사람들 일자리가 생겼어요.

우적우적

광산 자원은 우리 마을 것이어야 하는데, 현실은 그렇지 않아요.

최근에 화산이 폭발한 뒤 마을에서는 많은 집을 다시 지었어요. 나는 화산을 관찰하는 일을 해요. 다음에 폭발의 조짐이 보이면 얼른 사람들에게 알려서 대피하게 하려는 거예요.

화산은 두 얼굴을 가졌다고 말하지요. 우리를 죽이기도 하지만…

또 살리기도 하거든요.

화산 탐사

우리는 화산 폭발을 미리 알아내기 위해 '고마 화산 전망대'에서 니라공고산을 24시간 관찰해. 우리가 살펴보는 건 이런 것들이야.

아우로레 은조코
(화산 전문가)

땅의 움직임

기계를 사용해서 땅의 움직임을 추적하고, 그래프로 기록해.

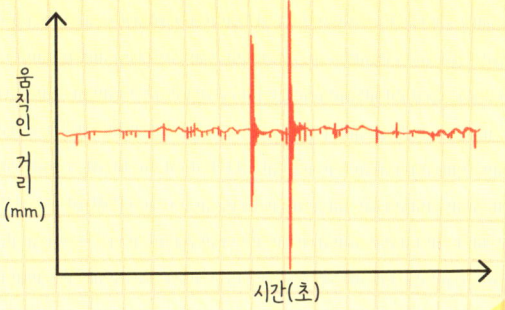

용암 소리

화산에 직접 가야 얻을 수 있는 정보도 있어.

그래서 때로는 줄에 매달려서 분화구로 내려가기도 해.

내가 마이크를 설치하려고 분화구로 내려가는 모습이야. 마이크를 설치해 두면 용암이 오르내리는 소리를 잘 들을 수 있지.

가스

비행기를 타고 공기 표본을 모아서 화산에서 가스와 재가 얼마나 많이 나오고 있는지 살펴봐. 가스와 재가 많아지면 폭발할 가능성이 크다는 뜻이거든.

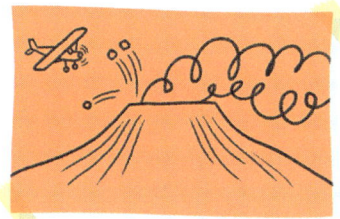

암석

화산에서 분출된 암석도 수집해. 용암이 식어서 만들어진 암석이지. 이 암석들의 구조를 보면 용암이 굳기 전에 어떤 상태였는지, 화산이 폭발하면 얼마나 빠른 속도로 흘러내릴지 예측할 수 있어.

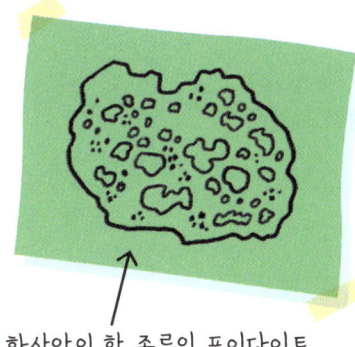

화산암의 한 종류인 포이다이트

모든 암석에는 이야기가 담겨 있어요

지리학의 한 분야인 **지질학**은 우리 주변 세계를 설명하기 위해 암석이 무엇으로 구성되었는지 연구하는 학문이에요. 암석은 우주여행에서부터 거대한 자연 풍광에 이르기까지, 다양한 이야기를 우리에게 전해 주어요.

지구에는 **운석**이라고 하는 우주 암석이 매일같이 떨어져요. 과학자들은 이 운석을 실마리 삼아서 행성, 소행성, 혜성이 무엇으로 이루어졌는지 연구해요.

암석은 대부분 수백만 년 전에 만들어졌어요. 그래서 암석의 구조와 위치를 보고 먼 과거의 역사를 짐작할 수 있어요.

과학자들은 암석 틈새를 살펴보고 진동을 측정해서, 지진이 언제 어디서 일어날지 예측해 보려고 해요.

지구 표면의 암석들은 비바람, 얼음, 강과 바다, 기온 변화의 영향으로 모양이 아주 다양해요. 그중에는 멋지고 아름다운 암석도 많아서, 신비롭고 환상적인 전설이 만들어지기도 해요.

아일랜드에는 '자이언츠 코즈웨이'라는 곳이 있어요. 거인의 둑길이라는 뜻으로 전설에 따르면, 옛날에 거인들이 아일랜드와 스코틀랜드 사이에 놓은 돌다리래요.

하지만 지리학자들은 이것이 5천만 년 전에 분출한 용암이 식으면서 6각 기둥 모양으로 굳은 것이라고 설명해요. 기둥들의 꼭대기는 오랜 세월 동안 파도에 씻겨 나갔어요.

암석들의 세계

암석을 아주아주 넓은 시각에서 살펴보면 더 많은 것을 알 수 있어요.
암석은 끊임없이 변하고, 새로운 암석으로 다시 태어나곤 하지요.
수백만 년이 걸리는 이런 과정을 **암석 순환**이라고 해요.

지구 내부에서 솟아 나온
뜨거운 액체 암석이 식으면,
화성암이라고 하는 암석이 되어요.

우아! 지구가
무슨 생명체 같아.

오랜 세월 동안 바람, 물, 얼음, 열기가
땅 표면의 암석을 부수어요.

부서진 암석 조각들은
이리저리 떠돌다가
호수나 바다 밑에 가라앉아요.

움직이는 지질 구조판은 암석을
땅속으로 끌어 내리기도 하고
산 위로 밀어 올리기도 해요.
이 과정에서 발생하는 높은 열과 압력
때문에 암석이 다른 종류로 바뀌어요.
이렇게 변한 암석을 **변성암**이라고 해요.

암석과 식물, 동물의 유해 조각들이
층층이 쌓이면 **퇴적암**이 되어요.

지구의 모든 암석은
이 암석 순환 중
한 단계에 속해요.

지하 슈퍼마켓

지질학은 땅에서 캐내는 유용한 물질인 지하자원도 연구해요.
지하자원은 여러 가지 물건을 만드는 재료예요.
지하자원에는 암석이나 금속도 있고, 암석에서 뽑아내는 화학 물질도 있어요.
아래에 몇 가지 예를 들어 놓았어요.

석유와 천연가스
- 대부분의 플라스틱 제품
- 화장품
- 합성 섬유
- 농작물의 성장을 돕는 비료

금
- 전자 기기 부품
- 장신구

모래
- 콘크리트
- 유리

철
- 칼과 포크
- 자동차
- 냄비
- 다리

진흙
- 접시
- 벽돌

아연
- 흰색 페인트
- 태양 전지판

구리
- 전선
- 풍력 발전기

황
- 의약품
- 성냥

지구의 힘

우리는 전기, 연료, 난방용으로 쓸 에너지를 생산하기 위해 해마다 엄청난 양의 지하자원을 캐내요.

석탄, 석유, 천연가스

이것들은 모두 수백만 년 전에 땅에 묻힌 동식물의 잔해가 변해서 만들어진 거예요. 이런 것을 **화석 연료**라고 불러요.

석유는 자동차, 버스, 기차, 비행기, 배의 연료로 쓰여요.

천연가스는 온수, 난방, 요리에 쓰여요.

석탄과 가스는 **발전소**에서 태워서 전기를 만들 때도 쓰여요.

이 모든 화석 연료는 비교적 값이 싸고 에너지를 얻기가 쉬워요.
하지만 이것들은 만들어지는 데 수백만 년이 걸렸고, 그 양에도 한계가 있어요.

또한 화석 연료를 태우면 대기가 오염되고, 이는 지구의 기온이 올라가게 만드는 **기후 변화**의 중요한 원인이에요.

우라늄

우라늄은 **방사능** 금속 물질이에요. 방사능이란 자연적으로 분해되려는 성질이 있다는 뜻이에요. 이런 일을 **핵분열**이라고 하는데, 이때 엄청난 열이 나와요.

원자력 발전소는 핵분열을 이용해서 전기를 만들어요.

이런 방식으로 만들어지는 핵 연료는 매우 효율이 높아요. 우라늄 1킬로그램은 같은 양의 석탄보다 2만 배나 많은 에너지를 만들 수 있어요.

게다가 온실가스도 배출하지 않아요. 하지만 원자력 발전소에서는 위험한 핵폐기물이 나오는데, 핵폐기물은 단단히 밀봉해서 아주아주 오랫동안 안전하게 보관해야 해요.

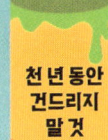

천 년 동안 건드리지 말 것

암석을 정말로 좋아하시는군요. 그런데 화석 연료를 태우지 않고도 에너지를 만드는 방법은 많아요. 예를 들어 태양 에너지나 풍력을 이용할 수 있어요.

맞아. 하지만 그것도 암석과 관련이 있어! 다음 쪽을 봐.

청정에너지와 암석

기후 변화 문제를 해결하려면 화석 연료에서 벗어나야 해요.
그런데 태양과 바람의 에너지를 이용해서
청정에너지를 만드는 데도 암석이 필요하답니다.

풍력 발전기는 바람의 힘으로 터빈을 돌려서 전기를 만들어요.
그런데 터빈은 대부분 암석에서 나오는 물질로 만들지요.
강철(철과 탄소로 만들어요.)과 플라스틱,
다양한 금속이 필요해요.

태양 전지판은 태양광으로 전기를 만들어요.
그리고 이 에너지를 배터리에 저장하는데,
배터리는 땅속에서 채굴하는
리튬, 코발트, 니켈 같은 금속으로 만들어요.

현대 기술

사람들은 더 좋은 병원, 더 많은 집, 더 빠른 기차와 더욱 발달한
현대 기술을 원해요. 이런 일에는 *더 많은* 자원과 에너지가 필요하지요.
하지만 화석 연료뿐만 아니라 청정에너지에 쓰이는 물질도
모두 양이 한정되어 있어요.

그러니까 더 적은 재료로
더 많은 일을
해야 한다는 거지요.

그러려면 사용한 재료를
그냥 버리지 말고 재활용해야 해요.

그리고 더 효율적인
작업 방식을 개발해야 하고요.
예를 들면, 이건 아주 적은
에너지를 써서 만든 최신형 벽돌이에요.
불에 굽지 않고 세균을 넣어서 굳혔거든요.

불안한 관계

지구와 지하자원에 대한 사람들의 생각은 사는 곳과 생활 양식, 각자의 관심사에 따라 달라요.
흔히 암석이란 발밑에 있는 하찮은 돌덩어리라고 생각하기 쉽지만,
암석은 우리 모두의 생활과 미래에 큰 영향을 미쳐요.

제2장
날씨와 기후

지구는 소용돌이치는 공기층에 둘러싸여 있어요.
이것을 **대기**라고 하고, 대기가 매일매일 변하는 것을
날씨라고 해요. 이것을 연구하는 분야를 **기상학**이라고 하는데,
지리학에서도 기상학을 연구해요.

하루하루의 날씨가 아니라 그 이상을 연구하는 학자들도 있어요.
지구의 날씨가 지난 몇십 년 또는 몇백 년 동안
어떻게 변했는지 관심을 두고 연구하지요.
이렇게 오랜 시간 동안의 날씨를 **기후**라고 하고,
기후를 연구하는 지리학의 분야를 **기후지리학**이라고 해요.

기후지리학자들은 지구의 기후가 지난 백 년 동안 전에 없이
빠른 속도로 변했다는 것을 알아냈어요.

먼저 대기부터 탐구해 봐요.
지구로 내려오는 길에 이미
대기를 살펴봐서 잘 알고 있다고요.

해수면에서 9,980킬로미터 위

400킬로미터 위

25킬로미터 위

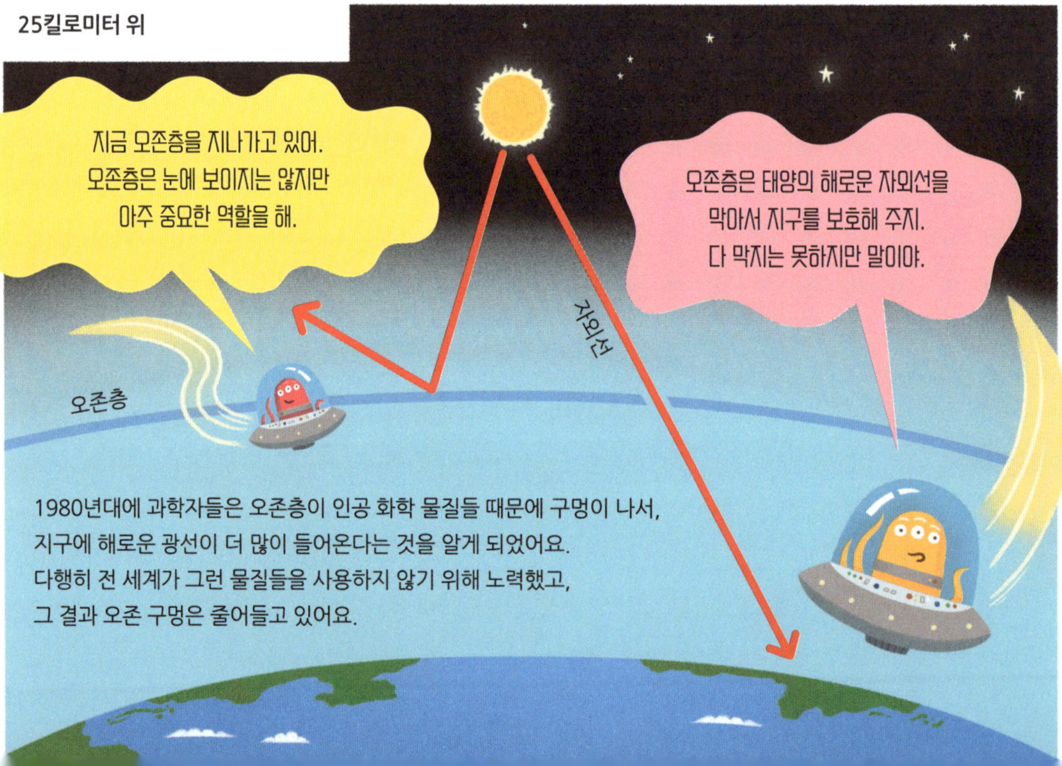

1980년대에 과학자들은 오존층이 인공 화학 물질들 때문에 구멍이 나서, 지구에 해로운 광선이 더 많이 들어온다는 것을 알게 되었어요. 다행히 전 세계가 그런 물질들을 사용하지 않기 위해 노력했고, 그 결과 오존 구멍은 줄어들고 있어요.

날씨와 기상 예보

사람들은 날씨에 신경을 많이 쓰면서 살아가요.
입을 옷을 고를 때도, 농작물을 수확할 때도, 비행기를 탈 때도 날씨를 살펴보아요.
하지만 창밖을 내다본다고 해서 날씨를 제대로 알 수는 없어요. 날씨를 제대로 알려면
엄청나게 많은 데이터, 슈퍼컴퓨터, 많은 사람의 협력이 필요해요.

날씨 데이터는 하루에도 여러 번 반복해서 수집해요.

바람의 세기 / 구름의 양 / 습도 / 강우량 / 기온 / 기압*

*대기의 무게 때문에 생기는 압력

이를 측정하는 방법은 다양하고, 측정하는 장소도 전 세계적으로 1만 곳이 넘어요.

비행기 / 기상 풍선 / 기상 레이더 / 무인 기상 관측소 / 기상 위성

세계 각국의 기상 예보 기관들은 이 데이터를 공유해요.
그리고 컴퓨터로 새 데이터를 과거의 날씨 패턴과 비교해서 앞으로의 날씨를 예측해요.

하지만 엄청나게 많은 데이터를 모으고 슈퍼컴퓨터를 사용해도,
2주일 이상의 미래는 정확하게 예보하기 어려워요.
대기의 아주 작은 변화도 미래의 기상 조건에 큰 영향을 미칠 수 있기 때문이에요.

구름 한 조각의 위치처럼
아주 작은 기상 조건의 차이가…

…2주일 후의 날씨를
크게 바꿀 수 있어요.

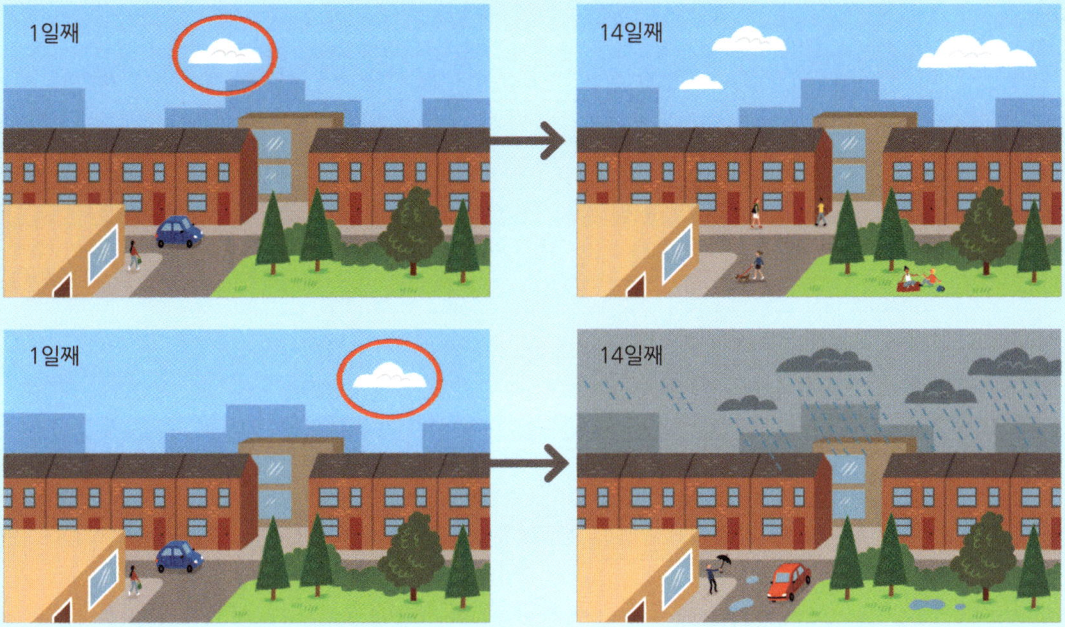

나비 효과

아주 작은 차이가 결과에 엄청나게 큰 영향을 미치는 일을 **나비 효과**라고 해요.
이 말은 1960년대에 미국의 기상 전문가 에드워드 로렌즈가
"브라질에서 나비가 날갯짓을 하면 미국에 폭풍이 일어날 수도(혹은 방지할 수도) 있다."고
한 말에서 비롯되었어요.

나비들을 훈련시켜서
실제로 폭풍을 일으킬 수는 없어.
하지만 나비의 날갯짓도 얼마든지
날씨 변화에 영향을 줄 수 있어.

작은 변화가 큰 차이를 만든다는
이 아이디어는, 오늘날 지리학의
여러 분야에서 쓰여요. 예를 들어,
바닷물 온도가 아주 조금만 올라가도
수많은 바다 생물이 죽는 것을
'나비 효과'로 설명할 수 있어요.

기상 재해

기상 재해는 날씨 패턴이 평소와 크게 달라져서 사람과 야생 생물들이 위험에 빠지게 되는 일을 가리켜요. 오래도록 비가 오지 않는 **가뭄**, 대형 회오리바람을 뜻하는 **토네이도**, 대형 폭풍인 **태풍** 등이 기상 재해에 해당해요.

1. 태풍은 바닷물 온도가 가장 뜨거워지는 늦여름에 발달해요. 습기를 머금은 공기가 하늘로 올라갔다가 식으면서 거대한 비구름이 되어요.

2. 여기에 바람이 불면 구름이 팽이처럼 빙글빙글 도는 폭풍이 되지요. 세계기상기구에서는 중심 부근의 풍속이 초속 33미터가 넘으면 태풍으로 분류해요.*

*우리나라에서는 최대 풍속이 초속 17미터가 넘으면 태풍으로 분류해요.

지구 밖에서 본 태풍

3. 태풍이 육지에 상륙하면, 강풍이 불고 폭우가 쏟아지며 바닷물까지 높아져서 사방이 물에 잠기고 막대한 피해가 생길 수 있어요.

태풍은 발생하는 지역에 따라 다른 이름으로 불려요. 태평양 북서부에서는 태풍, 대서양과 태평양 북동부에서는 허리케인, 인도양과 태평양 남부에서는 사이클론이라고 해요.

폭이 380킬로미터가 훨씬 넘을 때가 많아요.

2008년 5월에 '나르기스'라는 사이클론이 미얀마 해안을 강타했는데, 이 태풍은 여러 가지 이유로 미얀마 역사상 최악의 자연재해가 되었어요.

피해가 가장 컸던 지역인 이라와디강의 삼각주는 인구가 많고, 땅이 해수면보다 그다지 높지 않아요.

미얀마는 1, 2년에 한 번씩 강력한 폭풍에 시달리면서도 사람들을 피난시킬 수 있는 안전 대책을 세우지 않았어요.

2009년 5월
사이클론 나르기스를 잊지 말자

- 사망 14만 명
- 이재민 250만 명
- 식료품 가게의 40퍼센트가 파괴됨

미얀마 정부는 처음에는 다른 나라의 원조를 거절했어요.

인구의 70퍼센트가 깨끗한 식수를 구할 수 없었어요.

맹그로브 숲은 해안 지역의 홍수를 막아 주는데, 농경지를 만들기 위해 이 숲을 없앤 것도 피해를 키운 원인이 되었어요.

생명을 살리는 지도

기상 재해를 막으려면 날씨 예보를 정확히 해서 사람들이 미리 대피할 수 있게 해야 해요. 지리 정보 시스템(GIS)을 이용한 지도는 태풍이나 허리케인의 경로를 예고해 줘서 사람들이 그 위험을 미리 알고 대비할 수 있어요.

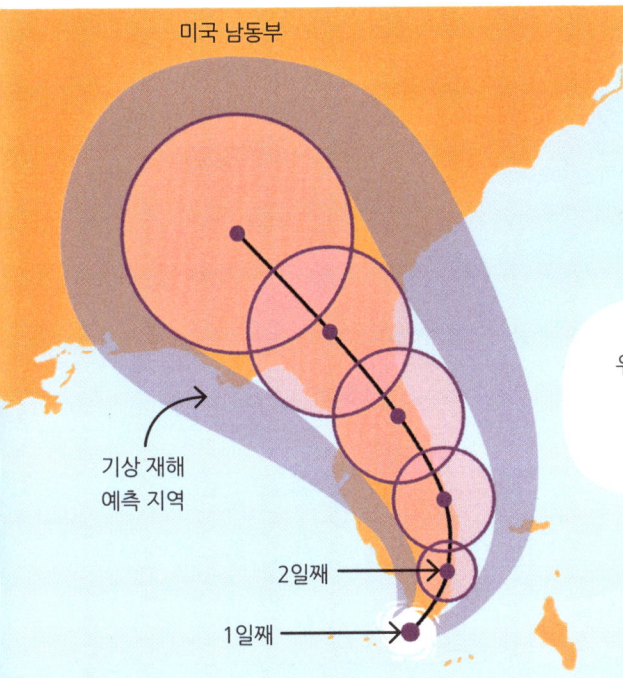

미국 남동부

기상 재해 예측 지역

2일째
1일째

이것은 흔히 **원뿔형 불확실성 그래프**라고 불러요. 원뿔을 닮은 옅은 분홍색 부분은 여러 기상 예보 기관에서 내놓은 예측을 기초로 해서, 허리케인이 6일 동안 지나갈 *가능성이 있는* 지역을 표시한 거예요.

우리 집은 저 검은 선 위에 있어요. 그래서 안전한 곳으로 대피하려고 해요.

하지만 많은 사람이 이런 지도를 잘못 이해하기도 해요. 그 결과, 생사가 갈리는 일까지 생기지요.

허리케인이 갈수록 커지는군. 하지만 난 허리케인의 규모가 작은 아래쪽에 사니까 대피할 필요 없어.

우리 집은 검은 선 위에 있지 않으니까 안전할 거야.

원뿔의 크기는 허리케인의 크기와는 상관없어요. 시간이 흘렀을 때 허리케인이 어느 방향으로 가게 될지 불확실하므로, 허리케인이 도달할 예상 지역이 넓게 나타나는 거예요.

이 검은 선은 미국 기상청 허리케인 부서의 예보에 따른 것일 뿐이에요. 그런데 허리케인은 원뿔 안의 어느 경로로든 갈 수 있고, 심지어 원뿔 밖으로 나갈 수도(3분의 1의 확률) 있어요.

지리학자들은 누구나 쉽게 이해할 수 있는 지도를 만들려고 하지만, 쉽지 않아요!

기후에 무슨 문제가 있나요?

세계 어느 곳이든 매년 *며칠* 정도는 극단적인 날씨를 보일 수 있어요.
그런데 기후는 날씨를 *일 년 이상* 관찰해서 알게 된 패턴이에요.
기후를 연구하는 가장 단순한 방법은
아래와 같은 기온과 강수량 그래프를 살펴보는 거예요.

사우디아라비아의 리야드는 여름이 길고 뜨거우며, 겨울은 온화하고 건조해요. 그곳은 **사막 기후**예요.

베트남의 하노이는 여름이 고온 다습하고, 겨울은 따뜻하고 비도 적어요. 이곳은 **열대 기후**예요.

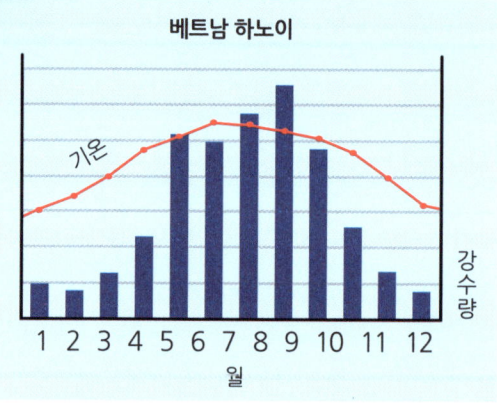

■ 강수량   ● 기온

사우디아라비아 리야드

베트남 하노이

기후는 다음과 같은 요소들에 따라 결정되어요.

햇빛
가장 큰 영향을 미치는 것은 햇빛이에요. 적도에 가까운 지역은 햇빛을 많이 받아서 덥고 낮이 길지만, 적도에서 멀어지면 춥고 어두워져요.

바람
바람이 부는 방향에 따라서 기온이나 습도가 올라가기도 하고 내려가기도 해요.

고도
높은 산은 공기가 엷어서 기온이 낮아요.

바다
바다에 가까운 지역은 공기에 수증기가 많아서 습도가 높아요.

기후 변화

기후가 수천 년의 세월에 걸쳐 변하는 것은 이상한 일이 아니에요.
하지만 사람들이 **기후 변화**가 문제라고 말할 때는,
대개 인간이 지난 몇십 년 사이에 일으킨 급격한 변화를 가리켜요.

우리가 화석 연료를 태우고 나무를 베어 내면,
대기 중에 이산화탄소 같은
온실 가스들이 많아져요.
그러면 지구 온난화 속도가 더 빨라져요.

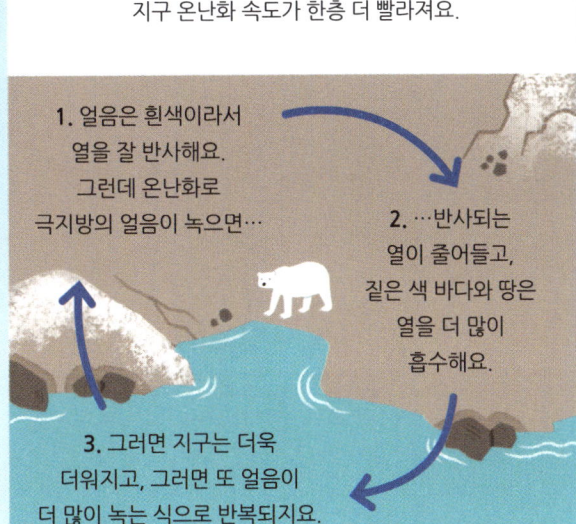

특히 극지방의 기온이 오르면서
지구 온난화 속도가 한층 더 빨라져요.

1. 얼음은 흰색이라서 열을 잘 반사해요. 그런데 온난화로 극지방의 얼음이 녹으면…

2. …반사되는 열이 줄어들고, 짙은 색 바다와 땅은 열을 더 많이 흡수해요.

3. 그러면 지구는 더욱 더워지고, 그러면 또 얼음이 더 많이 녹는 식으로 반복되지요.

지리학자들은 지구가 더워지고 있다는 걸 보여 주는 데이터를 수집하는 한편,
현재 벌어지는 일들을 세상에 알리는 역할도 해요.
미국의 지리학자 조안 셸든은 지구 온난화를 알리기 위해 목도리를 떴어요.

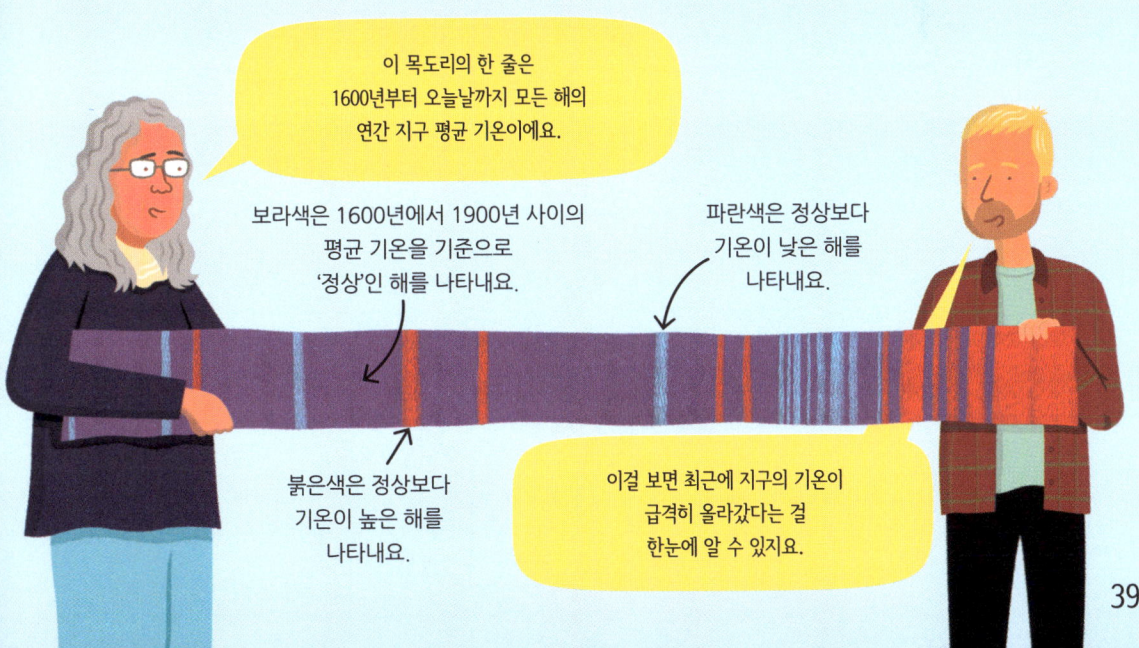

이 목도리의 한 줄은
1600년부터 오늘날까지 모든 해의
연간 지구 평균 기온이에요.

보라색은 1600년에서 1900년 사이의
평균 기온을 기준으로
'정상'인 해를 나타내요.

파란색은 정상보다
기온이 낮은 해를
나타내요.

붉은색은 정상보다
기온이 높은 해를
나타내요.

이걸 보면 최근에 지구의 기온이
급격히 올라갔다는 걸
한눈에 알 수 있지요.

겨우 몇 도 차이 아닌가요?

최근에 지구의 평균 기온이 아주 조금 올랐어요.
1~2도쯤이라면 별것 아닌 것 같지만, 이미 전 세계에 큰 영향을 미치고 있어요.
아래에서 지리학자들이 밝혀낸 변화 중 몇 가지를 살펴보아요.

북유럽
따뜻해진 공기는 물기를 더 많이 품기 때문에, 습윤 지역에 비와 눈이 더 많이 내려요.

북극해
극지방의 얼음이 녹아서 동물들의 서식지가 사라지고 있어요.

일본
얼음이 녹으면서 해수면이 높아져서, 해안가에 있는 저지대 도시들이 잠겼어요.

건조한 지역은 더욱 건조해졌어요.
사헬 지대(사하라 사막 주변)

인도
날씨가 더 덥고 변덕스러워져서, 특히 건조한 지역에서는 농사를 짓거나 물을 구하는 일이 어려워졌어요.

태평양
더운 지역을 중심으로 기상 재해가 잦아졌어요.

기후 변화의 영향은 지역에 따라 달라요.
시원하고 부유한 지역보다는
덥고 가난한 지역이 더 큰 영향을 받아요.

예전에도 가뭄으로 고생했지만, 지금은 가뭄이 점점 더 심해지고 있어요.

지리학은 어떤 변화가 일어나고 있는가 하는 문제만이 아니라,
전 세계 각 지역이 기온 상승에 얼마나 영향을 주었는지도 연구해요.
다음은 1750년대 이후 전 세계의 이산화탄소 배출량 중 각 대륙이 차지하는 양을 나타낸 거예요.

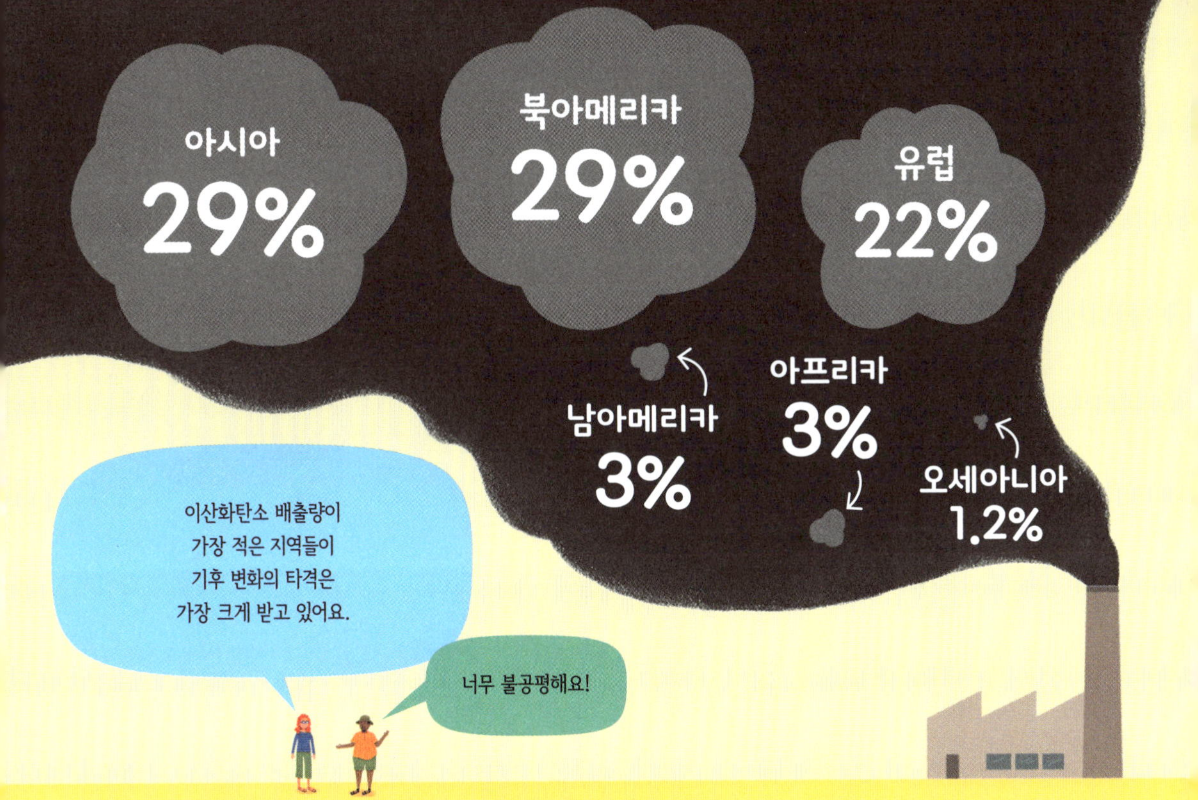

아시아 29%

북아메리카 29%

유럽 22%

남아메리카 3%

아프리카 3%

오세아니아 1.2%

이산화탄소 배출량이 가장 적은 지역들이 기후 변화의 타격은 가장 크게 받고 있어요.

너무 불공평해요!

지리학에서는 지구 온난화의 원인과 결과를 제대로 알기 위해 커다란 노력을 쏟고 있어요.
다음과 같은 해결책을 찾아내고 연구하는 지리학자들도 있어요.

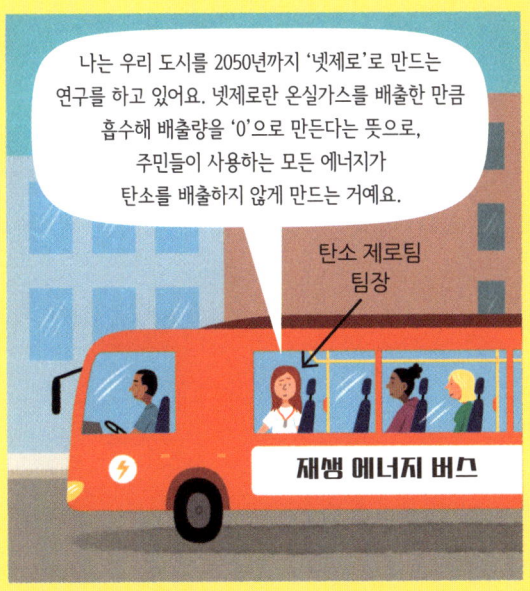

나는 우리 도시를 2050년까지 '넷제로'로 만드는 연구를 하고 있어요. 넷제로란 온실가스를 배출한 만큼 흡수해 배출량을 '0'으로 만든다는 뜻으로, 주민들이 사용하는 모든 에너지가 탄소를 배출하지 않게 만드는 거예요.

탄소 제로팀 팀장

재생 에너지 버스

난 해수면이 높아져서 해안 지역에 홍수가 나고 땅이 점점 깎여 나가는 걸 막는 방법을 연구해요. 이 방파제도 내가 제안해서 건설했어요.

세계 곳곳에서 사람들은 해결 방법을 찾고 있어요!

해안 보호 활동가

생물군계

기후는 지형과 동식물에 큰 영향을 미쳐요.
환경과 생물을 모두 합한 아주 큰 생태 지역을 **생물군계**라고 불러요.
매우 다양한 생물군계가 있지만, 이들은 전세계의 몇몇 곳에서만 나타나요.
지리학자들은 흔히 다음과 같은 지도를 이용해 다양한 생물군계의 위치를 나타내요.

중앙아메리카와 남아메리카

소노란 사막

열대 우림 - 덥고 비가 많이 내리는 지역에 있는 울창한 숲. 지구상에서 다른 어떤 지역보다도 살고 있는 동물과 식물의 종이 많아요. 열대 우림은 '지구의 허파'라고도 불러요. 이산화탄소를 빨아들이고 산소를 배출하기 때문이지요.

아마존 열대 우림

주요한 생물군계의 종류

사막 - 몹시 건조해서 동물과 식물이 드문 지역이에요. 위도에 따라 매우 덥기도 하고 춥기도 해요.

지중해성 - 여름은 따뜻하고 건조하며, 겨울은 온화해요. 키 작은 나무들이 많아요.

산악 - 높은 지역은 몹시 추워서 동물과 식물이 살기 힘들지만, 그리 춥지 않은 낮은 지역에는 숲과 초원이 있어요.

안데스산맥

세하두 초원 지대

열대 초원 - 겨울은 시원하고 여름은 더운 지역에 있는 비옥한 초원이에요.

온대 숲 - 겨울은 춥고 여름은 더운 지역에 있는 숲 지대예요.

온대 초원 - 우기와 건기가 반복되는 따뜻한 지역에 있는 초원 지대예요.

사람과 생물군계

왼쪽과 같은 생물군계 지도에서 사람은 대부분 빠져 있어요. 이런 방식으로 만들면 생물군계 그림을 아주 깔끔하고 간편하게 그릴 수 있어요. 하지만 인간의 활동도 모든 생물군계에 영향을 미쳐요.

농경은 가장 직접적으로 자연 환경에 영향을 미치고 있어요.

사람들은 목축과 경작을 하기 위해 많은 숲을 개간했어요.

농약은 농작물을 해치는 벌레를 없애 주지만, 강물로도 흘러 들어가요.

목장

콩밭

이제 여기에 가축은 많지만…

… 야생 동물은 별로 없어요.

도시

농경지에서 키우는 식량은 대부분 도시 사람들에게 팔기 위한 것이에요. 그러니까 도시는 땅의 면적은 넓지 않지만, 다른 지역에서 일어나는 수많은 변화의 원인이 될 때가 많아요.

어떤 지역에서는 오랜 세월 동안 사람들이 자연을 크게 해치지 않고 살았어요. 대대로 그 지역에서 살아온 **토착민**이지요.
토착민들은 수백, 수천 년 동안 한 장소에서 살면서 땅과 특별한 관계를 맺었어요.

우리 부족은 수백 년 동안 아마존 열대 우림에서 살아왔어요. 사냥과 채집으로 살아가므로, 벌목 회사들이 우리 땅을 침범하지 못하게 막으려는 거예요.

지리학자들은 이처럼 자연과 밀접한 관계를 맺고 살아가는 사람들에게서 많은 것을 배워요.
연구에 따르면, 아마존에 사는 토착민들이 정부나 환경 단체들보다 열대 우림을 더 잘 보호한다고 해요.

제 3 장
물로 이루어진 세계

지구에서 사는 수십억 명의 사람들에게
가장 중요한 자원은 아마도 물일 거예요.
물은 우리가 마시고 씻고, 농사짓는 데도 필요해요.
또 물은 물고기들이 사는 집이기도 하지요.
에너지를 생산하거나 종이나 강철 같은
온갖 물건을 만들 때도 물이 필요해요.

지리학자들은 인간이 물을 사용하는 방식도 연구해요.
오늘날의 사람들뿐 아니라 미래 세대까지도
물 부족에 시달리지 않게 하려면 물을 어떻게 써야 할지 연구하지요.

푸른 행성

우주에서 보면 지구는 대부분 파란색이에요.
지구 표면의 70퍼센트 이상이 바다로 덮여 있기 때문이지요.

지구의 물 중에서 약 97.5퍼센트가 바다예요.
바닷물에는 소금이 많지만 다른 광물질도 녹아 있어요.

바다를 뺀 나머지 2.5퍼센트만 민물이에요.
우리가 마시고, 씻고, 물건을 만들 때 쓰는 물은
모두 이 민물이에요.

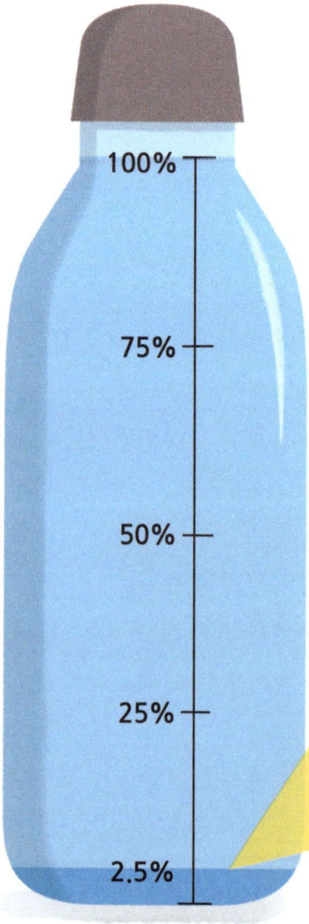

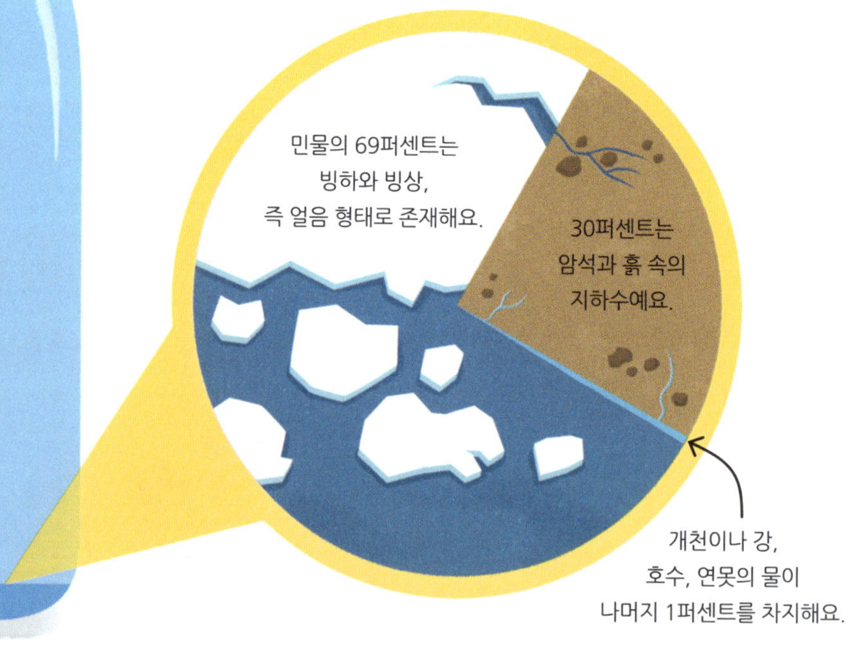

민물의 69퍼센트는 빙하와 빙상, 즉 얼음 형태로 존재해요.

30퍼센트는 암석과 흙 속의 지하수예요.

개천이나 강, 호수, 연못의 물이 나머지 1퍼센트를 차지해요.

놀랍게도 물은 모두 연결되어 있어요. 물은 한 곳에서 다른 곳으로 끊임없이 이동하는데, 이런 과정을 **물의 순환**이라고 해요.

2. 구름 속 물방울들이 점점 크고 무거워져서 눈이나 비, 진눈깨비, 우박 등이 되어 내려요.

1. 햇볕이 내리쬐면 그 열에 물의 표면이 수증기가 되어 하늘로 올라가요. 그런 뒤 식어서 물방울이 되고, 구름을 만들어요.

3. 빙하나 눈 덮인 산꼭대기에 얼어 있던 물이 차츰 녹아서 아래로 흘러내려요.

4. 물이 개천이나 강으로 흘러들어요.

5. 마침내 물이 호수나 바다로 흘러들어요.

그 일부는 흙 속에 스며들고, 더 깊은 땅속에 있는 암석들 틈으로 스며들기도 해요.

물은 끊임없이 순환해. 그러니까 우리는 다른 사람들이 마셨던 물을 계속 마시는 거야. 사실 공룡이 마셨던 물이기도 하지!

어떤 일은 물이 순환하는 방식에 영향을 주어요.

예를 들어, 사람들은 물을 저장하기 위해 강을 막아서 **저수지**를 만들어요. 저수지가 생기면, 그 지역의 지형이나 풍광이 크게 바뀌어요.

바다와 대양

지구의 바다는 사실 모두 연결되어 있어요.
지리학자들은 지구를 덮고 있는 하나의 바다를 몇 개의 대양으로 나누어서
태평양, 대서양 같은 이름을 붙였어요. 여기 나와 있는 세계 지도는
애설스턴 스필하우스 박사가 고안한 것으로, 지구의 대양들이 중심에 오도록 했어요.
이 지도를 보면, 바다가 지구에서 얼마나 중심적인 위치를 차지하는지 잘 알 수 있어요.

바닷물은 차가운 물과 따뜻한 물로
이루어진 해류를 타고 끊임없이 흘러 다녀요.
해류는 기후와 날씨, 동물의 이동에
영향을 주어요.

이 지도에서 굵은 선들이 나타내는 해류를
지구 대순환 해류라고 해요.
난류는 붉은색, 한류는 파란색으로 표시해요.*
물이 이 순환을 한 차례 마치는 데 천 년이 걸려요.

*'난류'는 따뜻한 해류, '한류'는 차가운 해류

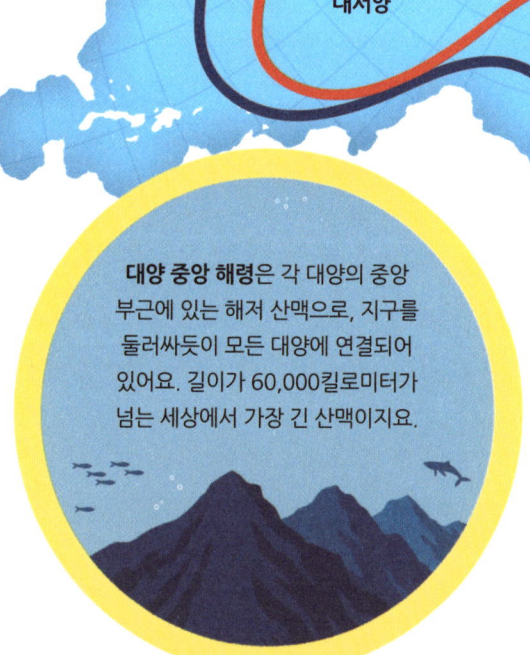

북극해

대서양

대양 중앙 해령은 각 대양의 중앙 부근에 있는 해저 산맥으로, 지구를 둘러싸듯이 모든 대양에 연결되어 있어요. 길이가 60,000킬로미터가 넘는 세상에서 가장 긴 산맥이지요.

우리에게 필요한 산소 중 절반 이상을
대양에 떠 있는 아주 작은 식물과 해조류가 만들어요.
그러니까 우리는 호흡만으로도
세계의 바다와 연결된다고 말할 수 있어요.

지구의 얼음

지리학에서는 지구의 얼음도 연구해요.
기온이 오르면 바다와 육지의 얼음이 얼마나 녹는지,
그에 따라 해수면의 높이가 어떻게 달라지는지 살펴보는 거예요.

북극은 겨울에는 대부분 얼음으로 덮여 있어요. 그러다 여름이 되어 기온이 올라가면
얼음이 많이 녹아요. 하지만 여름에도 얼음이 녹지 않고 남아 있는 곳이 있는데,
지구 온난화 때문에 그 면적이 점점 줄어들고 있어요. 아래 그림은 각각
1980년, 2000년, 2020년 여름에 얼음이 가장 적게 남아 있을 때의 모습이에요.

1980년

2000년

2020년

2035년 여름이 되면 북극 바다에서 얼음이 완전히 사라질 가능성이 커요.

얼음이 점점 사라지면서, 여러 북극 생물이 살아가는 데
어려움을 겪고 있어요. 북극 러시아 지역의 붉은가슴도요는
원래 눈이 녹아 먹잇감인 곤충이 일 년 중 가장 많을 때
새끼가 부화했는데, 눈이 일찍 녹는 바람에 적절한 부화 시기를
맞출 수 없게 되었어요.

하지만 얼음이 줄어드는 게
좋다고 생각하는 사람도 있어요.
얼음이 없으면 화물선이 북극해로
더 쉽고 빠르게 다닐 수 있으니까요.
그러면 운송비도 덜 들지요.

북극권에 있는 나라들은 이 지역에서
자원 개발과 새로운 항로 개척을 위해
경쟁을 벌이고 있어요.

육지와 바다의 얼음이 녹으면서 세계 곳곳에서 해수면이 올라가고 있어요.
해수면은 1880년 이후로 24센티미터 높아졌는데,
지리학자들은 2100년이 되면 여기서 1미터가 더 올라갈 수도 있다고 예상하고 있어요.

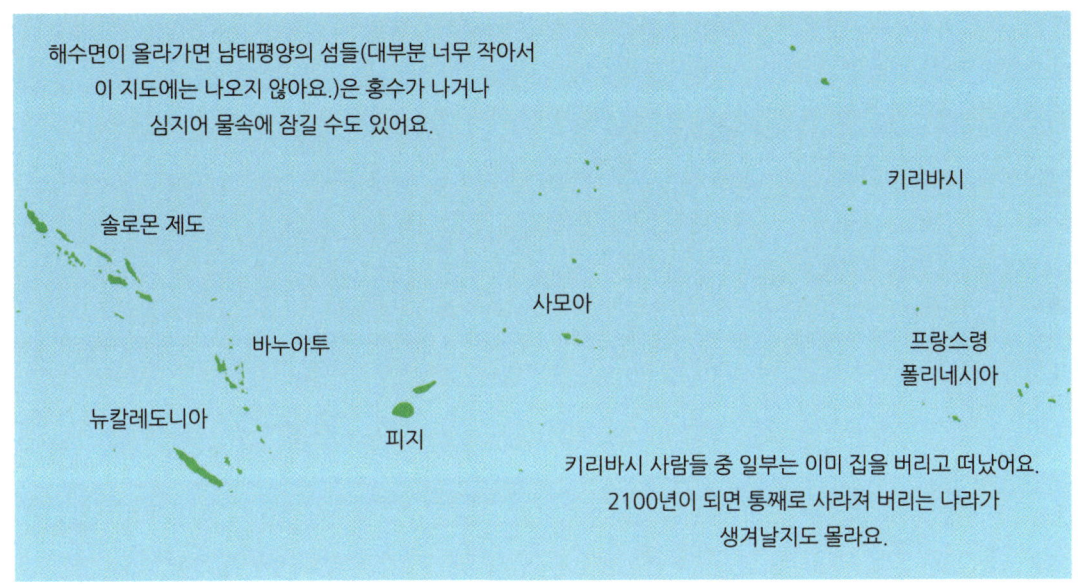

해수면이 올라가면 남태평양의 섬들(대부분 너무 작아서 이 지도에는 나오지 않아요.)은 홍수가 나거나 심지어 물속에 잠길 수도 있어요.

키리바시 사람들 중 일부는 이미 집을 버리고 떠났어요. 2100년이 되면 통째로 사라져 버리는 나라가 생겨날지도 몰라요.

해수면이 올라가면 모든 해안 지역이 그 영향을 받을 거예요. 어떤 지역은 높아진 바닷물에 점점 닳거나 **침식**될 거예요. 침식이란, 물이나 바람 같은 자연 현상이 지표면을 깎는 일을 뜻해요. 홍수가 더 자주 일어나고 주택, 도로, 마을이 파괴되겠지요.

과학자들은 지구 온난화의 속도를 늦추지 않으면 미국 뉴욕시 주변 바다의 해수면이 크게 높아질 거라고 말해요.

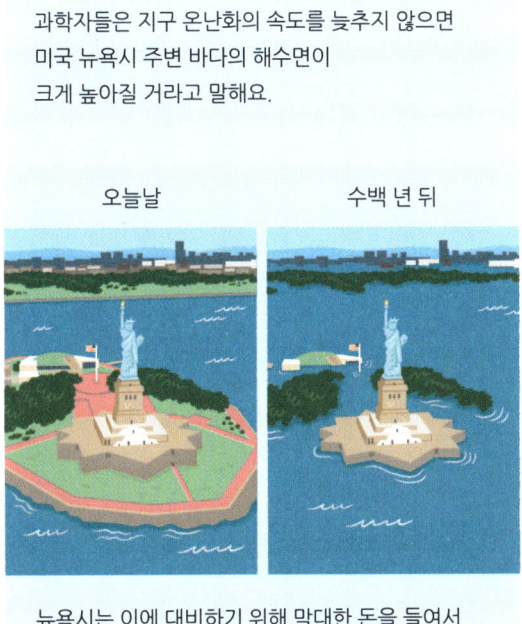

뉴욕시는 이에 대비하기 위해 막대한 돈을 들여서 홍수 방지 시설을 갖추었어요.

인도네시아의 수도 자카르타(인구 약 1,100만 명)는 해수면의 상승과 함께 도시 자체도 점점 가라앉아서 2050년이면 도시 대부분이 바다 밑으로 들어갈 거예요. 그래서 인도네시아는 다른 섬에 있는 고지대로 수도를 옮길 예정이에요.

흐르는 강물

아시아의 갠지스강을 비롯해 강은 사람과 야생 동식물의 생명 줄이에요. 지리학에서는 강의 흐름과 변화, 그리고 강이 사람에게 미치는 영향과 사람이 강에 미치는 영향을 연구해요.

강이 시작되는 곳을 **수원지**라고 해요. 갠지스강의 수원지는 히말라야산맥의 고지대에 있어요.

강은 산 밑으로 내려오며 크고 작은 개천들과 합쳐져서 더욱 크고 넓어져요.

갠지스강은 힌두교와 자이나교를 믿는 사람들에게 신성한 장소예요. 해마다 수백만 명의 신도가 바라나시를 찾아와서 해돋이 때 갠지스강 물로 자신을 정화하지요.

4억 명이 넘는 사람이 갠지스강 주변에서 살아요. 이 지역은 땅이 평평하고, 흙이 기름지며, 날씨가 따뜻하고, 비가 많이 와서 농사짓기에 적합해요. 갠지스강 물은 농사에 아주 많이 사용돼요.

인간의 영향

인간은 다양한 방식으로 강에 영향을 미쳐요. 오수와 폐수, 플라스틱 쓰레기, 산업 폐기물 때문에 갠지스강은 전 세계적으로 더러운 강으로 이름이 났어요.

갠지스강은 인도를 지나 방글라데시로 들어가면 강물이 느려지고 오염이 너무 심해서 거의 사용할 수가 없어요. 인도와 방글라데시, 두 나라는 이 문제로 갈등을 겪고 있어요.

게다가 지구 온난화 때문에 갠지스강으로 들어가는 히말라야의 빙하가 점점 줄어들어요. 과학자들은 시간이 지나면 갠지스강의 물도 줄어들 거라고 내다보고 있어요.

중국

네팔, 방글라데시, 중국(티베트 자치구) 등 주변 지역의 많은 강이 갠지스강으로 흘러 들어가요.

강은 평평한 땅에서는 이리저리 휘어지며 구불구불하게 흘러요. 뱀이 기어가는 모양과 같다는 뜻에서 이런 강을 **사행천**이라고 불러요.

부탄

인도는 파라카에 커다란 댐을 세워서, 강물을 이용해 전기를 만들어요.

방글라데시

방글라데시에서는 갠지스강을 파드마강이라고 불러요.

방글라데시는 국토 대부분이 해수면과 5미터도 차이가 나지 않아요. 그래서 방글라데시에서는 홍수가 자주 일어나요.

이곳은 강이 바다로 들어가는 **하구**예요. 갠지스강은 부채처럼 넓게 펼쳐져서 바다로 들어가는데, 강 하구의 삼각형 모양 땅을 **삼각주**라고 해요.

벵골만

강에서 잡은 물고기는 이 지역 식생활에서 매우 중요해요.

흔하디흔한 물?

민물은 인간이 살아가는 데 꼭 필요해요. 하지만 지구에는 물이 풍부한 지역도 있지만 물이 부족한 곳도 많아요. 지리학자들은 이런 문제가 왜 생겼는지, 물 부족을 어떻게 해결할 수 있는지 연구해요.

세계 인구가 증가하면서 마시고, 씻고, 물건을 만들고, 농작물을 기르는 데 필요한 물의 양도 점점 늘어나요.

민물의 3분의 2가량은 농업에 쓰여요.

이미 세계 인구의 절반 이상이 물 공급이 부족하거나 곧 부족해질 지역에 살고 있어요.

지하수나 강물은 자연스럽게 보충되지만, 지나치게 많이 끌어다 쓰면 온갖 종류의 문제를 일으킬 수 있어요.

흙이 메마르고 푸석푸석해져요. 지리학에서 **가뭄**이라고 부르는 상황이에요.

가뭄은 자연적으로도 일어나요. 하지만 지난 40년 동안 심각한 가뭄이 닥친 지역이 두 배로 늘어나서, 전체 육지 면적의 30퍼센트를 넘겼어요.

가뭄이 길어지면 비옥했던 땅도 거친 사막이 될 수 있어요. 그러면 사람들은 식량 부족으로 굶주림에 시달리게 돼요.

지하수를 너무 많이 빼내면 땅이 꺼질 수도 있을 뿐더러…

…물이 빠져나간 자리에 바닷물이 들어와서, 지하수가 마실 수 없는 물이 되기도 해요.

아유, 짜!

얼마 전까지만 해도 민물이 안정적으로 공급되지 않는 곳에서는 사람이 살기 힘들었어요.
하지만 과학 기술의 발달로 변화가 생겨나고 있어요. 카타르의 예를 보세요!

카타르는 강이 없고 비가 드물어서 민물이 거의 없다시피 해요.
1940년에 카타르의 인구는 고작 1만 명뿐이었고,
사람들은 물이 있는 곳 근처에서 작은 거주지를 형성하고 살았어요.

오늘날 카타르에는 대도시가 많이 세워졌고, 인구는 3백만 명 가까이 되어요.
이런 변화는 물을 공급하는 기술을 개발했기 때문에 가능해졌지요.

사람들이 마시는 물은 공장에서 바닷물의 소금을 제거해서 만들어요. 바닷물을 민물로 만드는 이런 일을 **담수화**라고 해요.

한 번 쓴 물은 정화해서 농업용수로 재활용해요.

땅속에서 뽑아낸 **지하수**를 써요. 하지만 지하수는 지나치게 많이 사용하면 바닥나고 말 거예요.

굉장해요. 담수화만 하면 되니까 인간은 물 걱정을 할 필요가 없겠네요.

그럴 수만 있다면 좋겠지만, 담수화 공장을 건설하는 데는 막대한 돈이 들어. 에너지도 많이 들고, 남은 물은 더 짜지지. 그래서 카타르에서 통한 방법이 모두의 해결책이 될 수는 없어.

카타르 도하 해변

제4장
촌락과 도시

사람들의 생활 방식은 지난 몇백 년 사이에 크게 달라졌어요.
인구가 폭발적으로 증가했고, 도시는 팽창했어요.
많은 도시가 여전히 성장 중이며,
특히 아프리카와 아시아 지역이 그러하지요.
그런데 일부 선진국에서는 도시의 규모가 점점 줄어들고 있어요.
가족 구성원의 수가 줄고 시골로 이사 가는 사람이
많아졌기 때문이에요.

지리학에서는 이런 변화를 살펴보기 위해,
사람들이 복닥복닥하게 모여 사는 **도시**와 시골 지역인 **촌락**을
구별해서 연구해요. 하지만 이런 구별은 고정된 것이 아니에요.
한 나라에서는 도시인 곳이 다른 나라에서는
촌락으로 여겨질 수도 있어요.

사람들은 어디에서 사나요?

겨우 집 몇 채로 이루어진 외딴 마을에서부터
고층 빌딩이 가득히 들어선 대도시에 이르기까지
사람들은 무척 다양한 장소에서 살아가요.

산촌
인구: 10명

강에서 물을
끌어다 써요.

나는 여기서 농사를 지으며 살아요.
이웃이라고는 두 집뿐이고,
나머지는 밭 아니면 숲이에요.
가게가 없어서 필요한 물건을 사려면
차를 몰고 읍내로 나가야 해요.

농업에 적합한
비옥한 흙

숲에서 벤 나무로 집을 짓고
요리와 난방을 해요.

공장촌
인구: 300명

나는 도시에서
좀 떨어져 있는 공장 근처에서 살아요.
동네에는 여기서 일하며 사는 사람들을 위한
체육관과 가게들이 있어요.

세상이 변하고, 어떤 산업이 흥했다가 망하거나 외국으로 옮겨 가면, 어떤 거주지는 커지고 어떤 거주지는 작아져요. 지리학에서는 거주지가 변하는 모습, 특히 도시의 변화를 유심히 살펴보아요.

도시란 무엇인가요?

소읍이나 읍은 언제 도시가 될까요? 도시인지 아닌지는 대개 인구에 따라 결정되어요. 하지만 나라 또는 지방 정부가 있는 곳은 규모가 작아도 도시가 될 수 있어요. 도시는 저마다 다르지만, 공통점도 많아요.

지역은 어떻게 성장하나요?

읍이나 도시가 점점 커 나가는 방식과 이유는 무척 다양해요.
도로나 철도의 경로, 또는 그 지역 주민들의 일자리나
취향의 변화도 도시의 성장에 영향을 주어요.
지리학자들은 사람들이 살아가는 거주지의 성장 패턴을 조사하고 연구해요.

어떤 지역은 도로나 강, 해안을 따라서 띠 모양으로 성장해요.

어떤 지역은 원형으로 퍼져 나가요.

어떤 지역은 큰 도로망을 따라서 중심지부터 덩어리 단위로 성장해요.

어떤 지역은 몇 개의 지점을 중심으로 성장해요.

■ 중심 업무 지구   ■ 공장/상점 지구   ■ 저소득 주거 지구   ■ 고소득 주거 지구

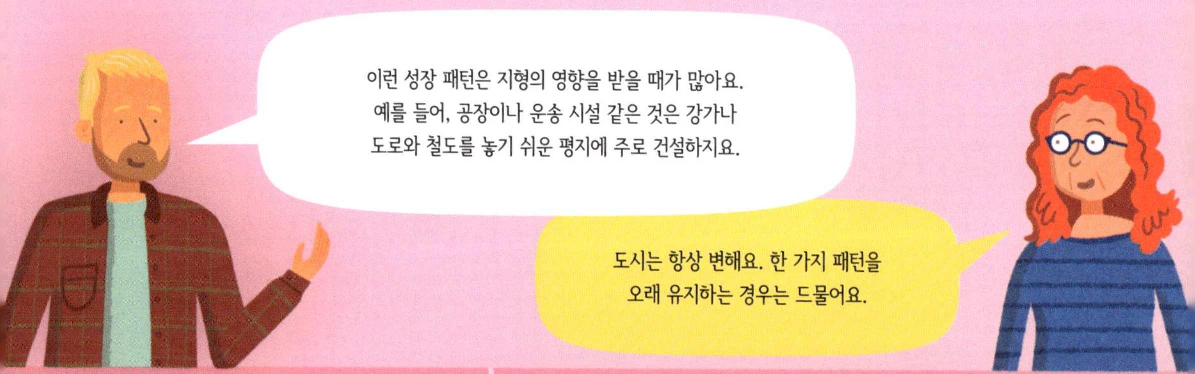

이런 성장 패턴은 지형의 영향을 받을 때가 많아요. 예를 들어, 공장이나 운송 시설 같은 것은 강가나 도로와 철도를 놓기 쉬운 평지에 주로 건설하지요.

도시는 항상 변해요. 한 가지 패턴을 오래 유지하는 경우는 드물어요.

도시가 커지면 어떤 사람들은 도시를 벗어나 조용하고 주택 가격이 싼 곳을 찾아가요. **교외**라고 부르는 도시 외곽 지역이나 좀 더 멀리 떨어진 **위성 도시**로 나가지요.

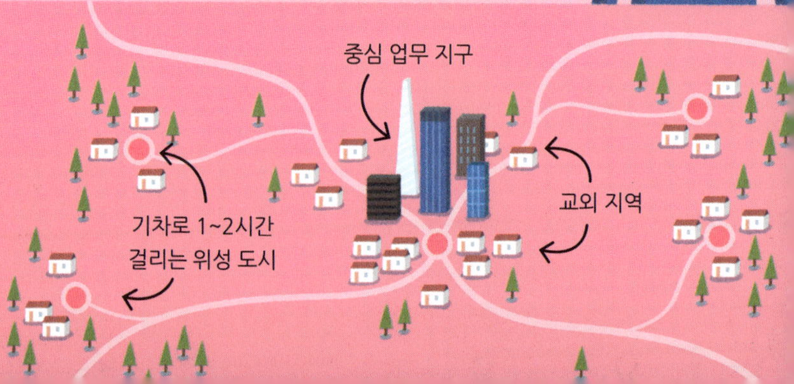

중심 업무 지구

기차로 1~2시간 걸리는 위성 도시

교외 지역

다양한 도시

어떤 도시는 특정 산업이나 무역의 발전에 힘입어 짧은 시간에 폭발적으로 성장해요.
이와 달리, 도로와 공원, 상점 등을 모두 미리 계획해서 건설하는 도시도 있어요.

1957년에 루시오 코스타와 오스카르 니에메예르는 브라질의 새 수도 브라질리아를 비행기 모양으로 계획했어요.

브라질리아 계획(1957년)

두 개의 큰 도로가 넓게 교차하는 모습이 비행기 같기도 하고, 십자가 같기도 하지요.

오늘날 위성에서 내려다본 브라질리아의 모습

브라질리아는 오늘날 상파울루와 리우데자네이루에 이어 브라질의 세 번째 도시로 성장했고, 애초의 계획보다 규모가 훨씬 커졌어요. 많은 사람이 브라질리아로 몰려와서 집을 짓고 살기 시작했거든요.
이렇게 멋대로 생겨난 거주지를 **무허가촌**이라고 해요.

인구: 490만 명

팀북투는 아프리카 사하라 사막 근처에 있는 나라 말리의 도시로, 소금, 금, 책 무역으로 부를 쌓았어요. 이곳에는 역사적인 이슬람 사원도 세 곳이나 있고, 이슬람 학문의 중심지예요. 최근에는 이 지역에서 벌어진 싸움 때문에 수천 명의 사람이 도시를 버리고 달아났어요.

인구: 3만 2천 명

역사적인 도시 팀북투

여기는 베네치아!

이탈리아의 베네치아는 운하로 분리된 118개의 작은 섬을 400개의 다리로 연결한 도시예요. 오늘날 베네치아는 관광 산업으로 크게 번성했지만, 해수면 상승은 도시를 위협하는 요인이에요.

인구 : 64만 1천 명

도시는 어디에서 시작하고 끝나나요?

옛날에는 많은 도시가 둘레에 성곽을 세우는 등 뚜렷한 경계를 두었어요.
하지만 오늘날은 도시가 멀리 녹지 공간으로까지 뻗어 나가기도 하고
반대로 쇠퇴해서 줄어드는 일도 있어서 경계가 흐릿해졌어요.

여기는 집이 띄엄띄엄 있고
호수랑 작은 상점이 있어요.
그럼 도시라고 할 수 있나요?

아직은 도시라고 보기 어렵지만
곧 여기에 기차역을 짓고
집도 1,000가구나 더 지을 예정이야.
그럼 도시라고 할 수 있게 되겠지.

하지만 정확한 경계가 있어야 도시의 면적과 인구를 제대로 파악할 수 있고,
학교 등 필요한 시설을 얼마나 지어야 할지 결정할 수 있어요.
그래서 도시 행정가들은 도시의 경계를 정확하게 정해야 해요.

일본의 수도 도쿄는
인구가 얼마나 되나요?

인구가 가장 밀집한 지역만 보면
900만 명이야.

하지만 그보다
덜 밀집한 지역까지 포함하면
전체 인구는 3,700만 명이야.

바뀌는 운명

어떤 도시에 산업이 번창하면 많은 사람이 일자리를 찾아 도시로 와요.
하지만 그 산업이 망하거나 다른 지역으로 공장을 옮기면
노동자들은 일자리를 잃고, 상점은 문을 닫으며, 건물은 버려지고,
빈곤과 각종 사회 문제가 생겨나요.

1950년대
석탄, 철강, 자동차 산업이 발전하면서
수많은 사람이 이 도시로 몰려들었어요.

1980년대
기업들이 문을 닫고, 건물은 텅텅 비고,
수천 명이 일자리를 잃었어요.

하지만 도시는 빠른 속도로 되살아나기도 해요.
도시 재생에는 대규모 도시 계획도 필요하고 도시 계획가, 건축가, 조경 전문가들의
창의적인 아이디어도 필요해요.

나는 도시 계획가예요.
도시 공간을 개선할 방법을 찾고, 지역에 걸맞은
개발 계획을 세워요. 역사적이고 문화적인 가치가 있는
옛 건물을 복원하는 일도 해요.

대한민국의 서울 중심부는 1980년대와 90년대에 많은 사람이 떠나면서 방치되는 건물이 늘었어요.
2003년에 청계천 복원 사업을 벌여 10차선 도로를 냇물이 흐르는 녹지로 만들자,
수많은 사람이 찾아오고 새로운 투자도 이루어졌어요.

농촌에서 도시로

약 250년 전에는 세계 인구의 대다수가 농촌에서 살았어요.
하지만 그 뒤로 몇십 년 동안 많은 변화가 일어나면서
사람들이 계속 도시로 몰려들었어요.

도시 성장 연표

1750년

도시 인구는 세계 인구의 3퍼센트 정도뿐이었어요. 대다수 사람들은 농사를 지었고, 필요한 옷과 물건을 직접 만들어 썼어요.

1760~1840년 산업혁명

영국의 여러 도시에 많은 공장이 세워졌고, 유럽의 다른 나라와 북아메리카가 영국의 뒤를 따랐어요. 사람들은 일자리를 찾아 도시로 이주했어요.

나는 시골을 떠나서 도시로 가는 길이에요. 증기 기관을 사용하는 도시의 방직 공장에 취직해서 돈을 벌 거예요.

도시가 변화하는 까닭

지리학자들은 도시가 성장하거나 쇠퇴하는 이유를 밝혀내고 싶어 해요.

도시를 성장시키는 건 뭐예요?

- 높은 출생률
- 높은 임금
- 안정적인 정부
- 일자리
- 적당한 주택 가격
- 편리한 교통
- 풍부한 기회

공중 보건
음식과 건강 상태가 좋아지면 수명이 늘어나요.

편의 시설
학교, 공원, 카페

교육
지식과 기술은 기업과 경제를 성장시켜요.

1900년

공중 보건과 위생이 개선되었어요. 아동 사망률이 줄고 사람들의 수명은 늘었어요. 런던, 뉴욕, 파리, 베를린, 도쿄의 인구가 폭발적으로 늘었어요.

1950년

전 세계 인구의 3분의 1이 도시에서 살았어요. 뉴욕과 도쿄는 인구 1,000만 명이 넘는 **거대 도시**가 되었어요.

1990년

거대 도시가 10개로 늘었어요.

도쿄   뭄바이
오사카   부에노스아이레스
뉴욕   콜카타
멕시코시티   로스앤젤레스
상파울루   서울

2020년

전 세계 인구의 절반 이상이 도시에서 살게 되었어요. 지금은 아시아와 아프리카의 도시 성장 속도가 가장 빨라요.

2023년에 거대 도시의 수는 33개로 늘어났지만, 규모가 줄어드는 도시도 생겼어요.

2050년이 되면 전 세계 인구의 3분의 2가 도시에서 살게 될 거예요.

> 도시를 쇠퇴시키는 건요?

> 도시는 평판이 좋아지기도 하고 나빠지기도 하는데, 이런 것도 사람들이 살 곳을 결정하는 데 영향을 미쳐.

- 낮은 출생률
- 공해 — 더러운 공기와 물, 소음
- 지나치게 집중된 인구
- 높은 물가
- 일자리 감소
- 더 넓은 집을 바라는 마음
- 기회 부족
- 전쟁
- 범죄
- 자연재해 — 지진, 홍수, 화산, 태풍

점점 커지는 도시

지리학자들은 인구 데이터로 변화의 경향을 살펴보고, 인구가 늘면 미래에 그 지역이 어떻게 변할지 예측해요.

오늘날 세계에서 가장 빠르게 성장하는 도시 20곳 중 17곳이 아프리카에 있어요.

아프리카 최대의 도시는 나이지리아의 라고스로, 인구가 1,600만 명이에요. 라고스가 이렇게 커진 것은 성공적인 석유 사업과 높은 출생률 덕분이지요.

다르에스살람은 2000년에서 2020년 사이에 인구가 두 배가 됐어요. 지금 인구는 780만 명으로 홍콩이나 사우디아라비아의 수도 리야드와 비슷해요.

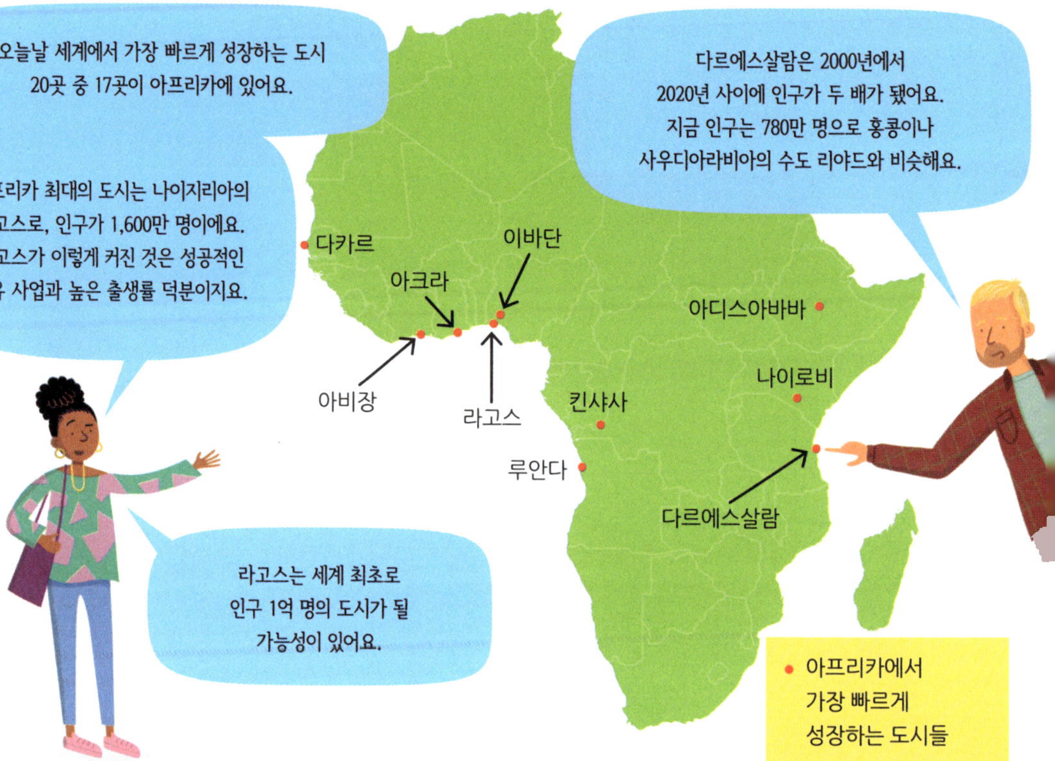

라고스는 세계 최초로 인구 1억 명의 도시가 될 가능성이 있어요.

• 아프리카에서 가장 빠르게 성장하는 도시들

다카르 · 아크라 · 이바단 · 아비장 · 라고스 · 아디스아바바 · 나이로비 · 킨샤사 · 루안다 · 다르에스살람

신도시

어떤 나라는 아무것도 없는 땅에 도로와 주택을 건설하고 산업을 발달시켜서 신도시를 만들기도 해요.

1960년대에 중국 선전은 홍콩과 중국 본토 사이에 있는 작은 어촌이었어요.

1980년대에 중국 정부는 이곳을 중국과 세계 각국의 무역 거점으로 삼기로 했지요.

선전은 겨우 40년 만에 인구 1,300만 명의 거대 도시이자 세계적인 기술 중심지가 되었어요.

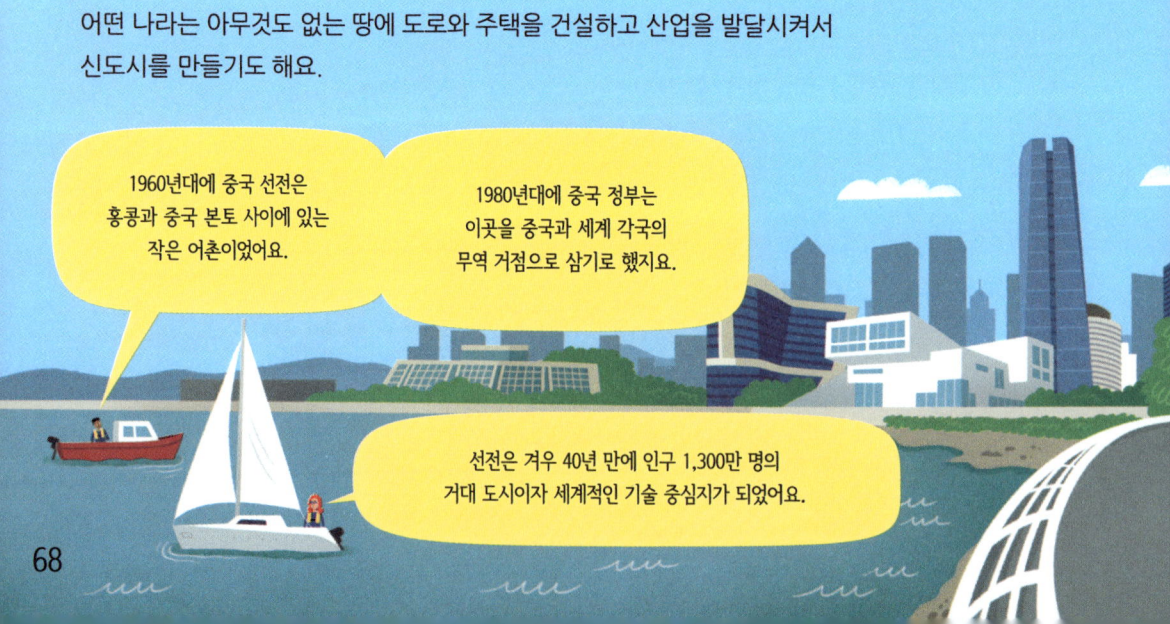

점점 높아지는 도시

도시가 성장하는 요인이 또 한 가지 있어요.
새로운 기술을 이용해 건물을 점점 더 높이 지을 수 있게 된 거예요.

강철과 콘크리트로 초고층 건물을 짓는 기술은 100여 년 전에 미국에서 처음 선보였어요.

고층 아파트가 들어서면서 전 세계 도시의 인구 밀도가 더 높아졌지요.

새로운 건축 방식은 도심 지역의 외관도 크게 바꾸었어요.

예술과 문화의 힘

도시가 변화하고 발전하는 데에는 다양한 요인이 작용해요.
문화 예술이나 건축 때문에 도시가 달라지기도 하고, 심지어 음식이 도시를 바꾸기도 해요.

1980년대에 스페인의 빌바오는
강철과 조선 사업이 쇠퇴하면서
침체한 도시였어요.

1997년에 구겐하임 미술관을 짓고
수변 공간을 재정비하자
도시가 바뀌었어요.

해마다 구겐하임 미술관에
백만 명 이상이 찾아오면서
도시 경제에 활력을 불어넣었어요.

빌바오는 맛있는 음식으로도 사람들을 끌어모으고 있어요.
빌바오에는 세계 최고 수준이라고 평가받는 식당들이 있거든요.

도시의 교통

도시가 잘 돌아가려면 교통 체계를 효율적으로 갖추어서,
사람과 물건들이 24시간 내내 언제라도 편리하게 이동할 수 있게 해야 해요.
하지만 교통 문제를 해결하려다 보면 다른 문제들이 생겨나기도 하지요.

여러분이 시 의회 의원이 되어서 지역의 도로를 어떻게 개선해야 할지 의논한다고 상상해 보세요.

> 초고속 간선 도로를 만들어서 사람들이 우리 시를 빠르게 드나들 수 있게 합시다. 교통 체증을 없애야 해요.

> 하지만 그렇게 큰 도로를 만들면 생활권이 갈라지고 사람들이 차를 더 많이 가지고 나와서 교통 체증과 공해가 심해집니다.

> 도로를 건설하는 대신 버스 체계를 개선하고 지하철을 확장해서 사람들이 대중교통을 더 많이 이용하도록 해야 해요!

> 저는 화석 연료를 사용해 지구 온난화를 심화시키는 교통수단은 자동차, 버스, 기차 등 그게 무엇이든 사용하지 않는 게 좋다고 생각해요.

> 지하철 공사에는 막대한 돈이 들고 시간도 오래 걸립니다. 우리 시에 지하철을 확장할 돈이 있나요?

> 이 문제를 어떻게 생각하나요?

지리학이 이런 문제를 해결하는 데 도움을 줄 수도 있어요.
지리학자들은 다양한 제안을 살펴보고 그 장단점을 파악해요. 지방 정부의 정책이 도시 계획에 어떤 영향을 미치는지도 연구하지요. 어떤 지방 정부는 경제 성장에 중점을 두고, 어떤 지방 정부는 삶의 질을 높이는 일에 중점을 두고 더 많은 돈을 투자해요.

도심 공원

도심 지역은 변화의 속도가 빨라요. 몇 년 사이에 확 달라지는 일도 많아요.
숲이나 호수가 있는 도심 공원은 사람들의 건강에 좋아요.
그래서 도시 계획가들은 도시 지역에 이런 공간을 더 늘리려고 해요.

더 나은 연결

도시지리학은 한 도시의 지리적 현상들을 자세히 연구하기도 하지만,
더 나아가 도시와 도시, 나라와 나라를 연결하는 방법,
빈곤 지역이 발전할 수 있는 방법을 찾기도 해요.

2000년, 덴마크의 수도 코펜하겐과 스웨덴의 말뫼를 연결하는 외레순 다리가 건설되었어요.
이 다리는 외레순 해협을 건너는데, 자동차 도로와 철도를 통해
두 나라 사이 무역량이 증가했고 관계도 더욱 좋아졌어요.

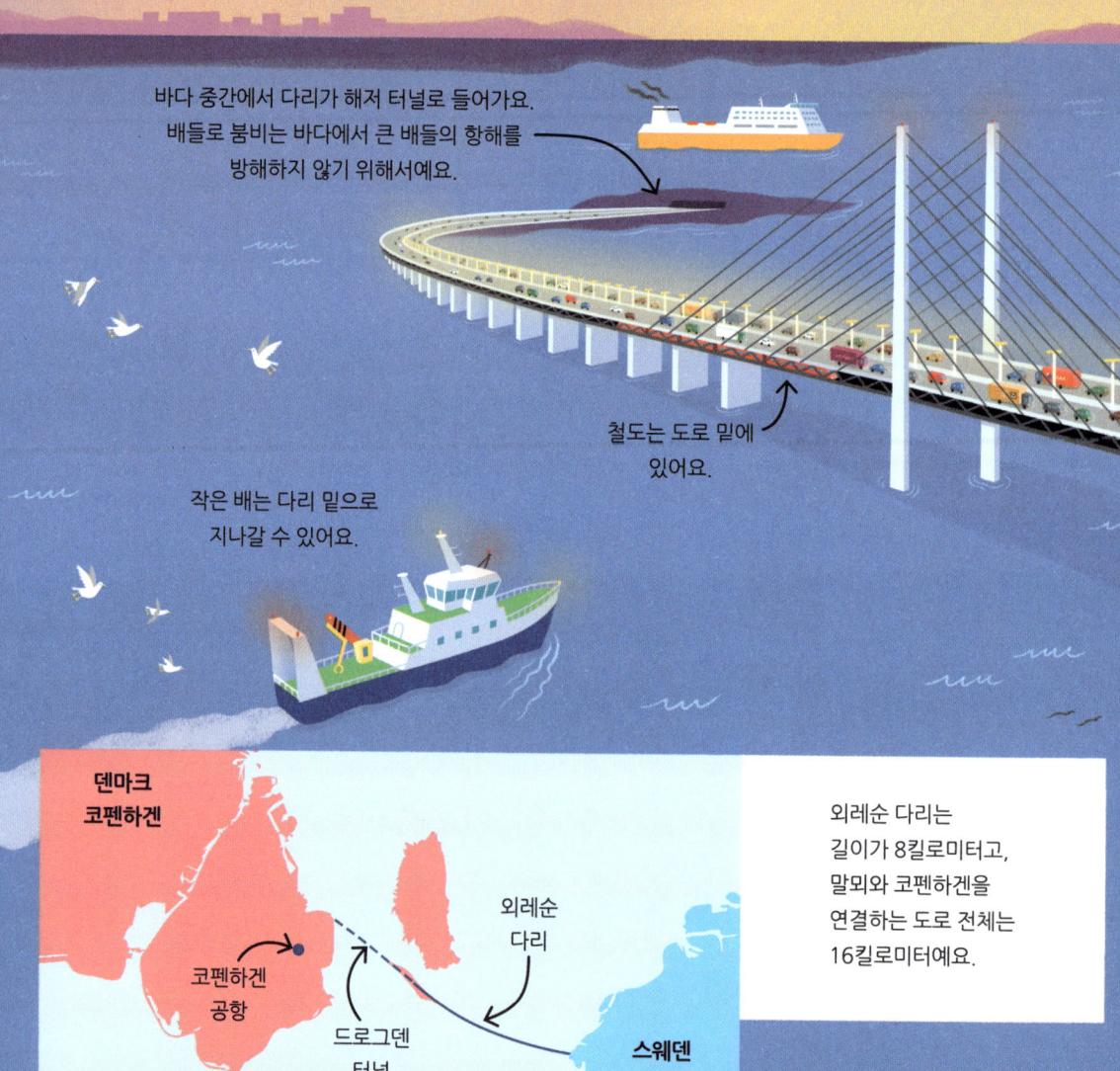

바다 중간에서 다리가 해저 터널로 들어가요.
배들로 붐비는 바다에서 큰 배들의 항해를
방해하지 않기 위해서예요.

철도는 도로 밑에 있어요.

작은 배는 다리 밑으로 지나갈 수 있어요.

덴마크 코펜하겐
코펜하겐 공항
드로그덴 터널
외레순 다리
스웨덴 말뫼

외레순 다리는
길이가 8킬로미터고,
말뫼와 코펜하겐을
연결하는 도로 전체는
16킬로미터예요.

촌락

전 세계 30억 명이 넘는 사람이 도시가 아닌 시골에서 살아요.
그래서 시골 지역의 생활 방식에 관해서도 많은 연구가 필요해요.
특히 시골 지역의 자연환경이나 사람들의 생활 방식이
변하는 모습을 잘 살펴봐야 해요.

농지 근처에 산책길과 숲이 있으니 아름답고 좋네요. 왜 이걸 그대로 둘 수 없다는 건가요?

일자리가 없어서 먹고살기가 힘들거든요. 전에는 농민들이 일꾼을 많이 썼지만, 이제는 대부분 기계를 이용하기 때문이에요. 한 인터넷 쇼핑몰에서 여기에 대형 물류 창고를 지으려고 해요. 그러면 수백 개의 일자리가 생길 거예요.

하지만 그러면 경관이 완전히 망가질 거예요. 여기는 경치가 좋아서 사람이 많이 찾아오잖아요. 미래 세대를 위해서 보존해야 해요.

그렇지만 일자리뿐 아니라 주택과 에너지 공급도 필요해요. 젊은 사람들이 여기 와서 살 수 있도록 하고 싶어요.

어려운 문제군요. 하지만 식량 문제가 생기지 않을까요? 이 땅에 건물을 지으면 농사를 지을 수 없어요. 그러면 식량을 수입해야 하니 식품 가격이 올라갈 테고, 오염도 증가할 텐데요…….

맞는 말이에요. 그 문제도 잘 생각해 봐야 해요!

정부는 좋은 농지를 보호하기 위해서 흙의 품질을 조사해요.
그래서 비옥한 땅은 개발을 금지하기도 해요.
하지만 땅이 덜 비옥하고 인구가 증가하고 있는 지역은 개발 압력을 받을 수 있어요.

도시 밖으로

과거에는 많은 사람이 일자리를 찾아 도시로 갔어요.
하지만 오늘날은 인터넷 덕분에 집에서 일할 수도 있어요.
지리학자들은 이런 기술 발전이 사람들이 사는 방식과 장소를 어떻게 바꾸는지 관찰해요.

나는 집에서도 하루 종일 회의에 참석할 수 있어요. 인터넷만 있다면요.

우리에게 초고속망을!

도시 근처가 아니어도 물건을 사고파는 일, 전 세계에 물건을 실어 보내도록 조정하는 일을 다 할 수 있어요.

우리 회사는 코로나19 시기에 사무실을 닫았어요. 지금은 모두가 재택근무를 해요.

지리학은 사람들이 특정한 지역에서 사는 모습, 그곳에서 사는 이유를 연구해요.
이런 것들을 알아내기 위해 설문 조사도 하고, 주택 가격의 변화 같은 데이터도 분석해요.

퍼들턴 마을 주민들이 그곳 생활에 대해 하는 말

평화롭고 아름다운 곳이에요. 우리는 어디든 갈 수 있었는데 여기를 선택했어요.

저는 카약 강사로 일하려고 여기 왔어요. 하지만 관광객이 많은 여름을 빼면 일거리가 별로 없어요.

부모님 집에서 독립해 나오고 싶은데 돈이 없어요. 여기는 버스도 뜸하게 다니고 인터넷도 느려서 답답해요.

우리 가족은 옛날부터 여기서 양 목장을 했어요. 저는 이 일을 좋아하지만 사료 값이 뛰고 젊은 일꾼을 찾기가 힘들어요. 다행히 정부 보조금이 나오는데, 그게 없다면 계속할 수 없을 거예요.

퍼들턴의 주택 가격

가격 / 연도

이 마을의 주택 가격이 올라가는 이유가 뭔가요?

부유한 사람들이 와서 살기 시작하면서 주택 가격이 올라갔어요.

제5장
돈과 권력과 세계

땅의 모양이나 자연환경을 만들고 바꾸는 일에
산이나 강만 영향을 미치는 게 아니에요.
정치도 중요한 역할을 해요.
'정치'란 공동체의 의견을 조율해서
중요한 결정을 내리는 일을 말하지요.

정치는 나라와 나라를 **국경**이라는 명확한 경계로
분리했어요. 국경은 중요한 역할을 해요.
국경에 따라 물이나 석유 같은 자원을
어떤 나라가 가질 것인지 정해지고,
사람들이 살거나 일하고 여행할 수 있는 장소가 정해져요.

여러 나라의 정부가 하는 행위들도
세계의 모습을 형성하는 데 영향을 미쳐요.
그중에서도 유난히 큰 힘을 발휘하는 나라들이 있어요.
초강대국이라고 하는 몇몇 나라는 강력한 힘으로
국경을 넘어 다른 나라에 영향을 주지요.

나라와 국경

세계는 200여 개 나라로 나뉘어 있어요. 그런데 어떤 게 나라이고 나라가 아닌지, 국경이 어디인지를 두고 사람에 따라 생각이 달라요. **세계 지도**를 통해 나라와 국경을 표시하지요.

200개 정도라고요? 정확히 몇 개의 나라가 있는지는 몰라요?

응, 몰라. 전 세계에 나라가 몇 개나 있는지에 대해서 사람들의 의견이 일치하지 않거든.

일반적으로 말해서 나라란…
- 일정한 인구가 있고,
- 국경이 분명하며,
- 다른 나라와 교류하는 정부가 있고,
- 다른 나라들이 나라로 인정하는 지역을 가리켜요.

미국에는 50개의 주가 있어요. 그중 두 개의 주는 다른 주들과 수천 킬로미터 떨어진 거리에 있지요.

알래스카

하와이

미국

멕시코

국경은 산이나 강 같은 자연 지형을 따라서 정해질 때가 많아요. 미국과 멕시코의 국경 중 일부는 리오그란데강을 따르고 있어요.

하지만 리오그란데강은 경로가 여러 번 바뀌었어요. 그 때문에 미국과 멕시코 사이에 분쟁이 일어나기도 했지요.

일부 나라에서만 인정하는 나라도 있어요. 예를 들어, 코소보는 98개국에서만 나라로 인정하지요.

볼리비아는 한때 해안 길이가 400킬로미터에 이르렀지만, 남아메리카 태평양 전쟁(1879~1884) 때 칠레에게 지면서 다 잃고 말았어요.

그런데 다른 나라들이 나라로 인정하든 인정하지 않든 상관없다고 생각하는 사람들도 있어요. 거기 사는 사람들이 나라라고 생각하면 별개의 나라라는 거지요.

언뜻 보면 국경은 분명한 경계선 같지만 자세히 살펴보면 단순한 문제가 아니에요.
사실 지금도 분쟁이 벌어지고 있는 국경이 100곳이 넘고,
특히 국경 부근에서 살아가는 주민들에게는 더욱 복잡한 문제가 될 수 있어요.

심지어 합의된 국경인데도 복잡해 보일 때가 있지요.
벨기에와 네덜란드의 공식 국경은 바를러라는 마을을 지나가는데,
사람들이 사는 집이나 카페 한가운데를 서로 다른 나라로 갈라놓기도 해요.

바를러
나는 벨기에에 있고, 남편은 네덜란드에 있어요.

코소보는 2008년에 세르비아로부터 독립을 선언했지만, 세르비아는 코소보의 독립을 인정하지 않고 있어요.

러시아는 세계에서 가장 영토가 넓은 나라예요.

인도는 아마도 현재 세계에서 인구가 가장 많은 나라일 거예요. 하지만 단정 짓기는 어려워요.

마다가스카르 같은 섬나라는 국경이 육지가 아니라 바다에 있어요.

남극에는 나라가 없어요.
남극은 '남극조약 체제'라는 협정을 맺은 30개가량의 나라가 함께 관리해요.

남극

세계 나라 지도는 나라마다 다르게 그려요.
어느 나라를 독립된 나라로 인정할지 말지는 나라에 따라 다를 수 있거든요.
또 새로운 협정에 따라 국경이 달라지기 때문에 세계 지도는 계속 변해요.

무역

전 세계 거의 모든 나라는 필요한 물건이나 식량 등을 다른 나라에서 사들여요.
반대로 자기 나라의 물건이나 식량을 다른 나라에 팔지요.
이런 교환을 **무역**이라고 하고, 고대 문명에서부터 시작되었어요.
무역의 원리는 다음과 같아요.

각 나라들은 다른 나라보다 특히 잘 만드는 물건이 있어요.
그 물건을 나라 간에 교환해요.

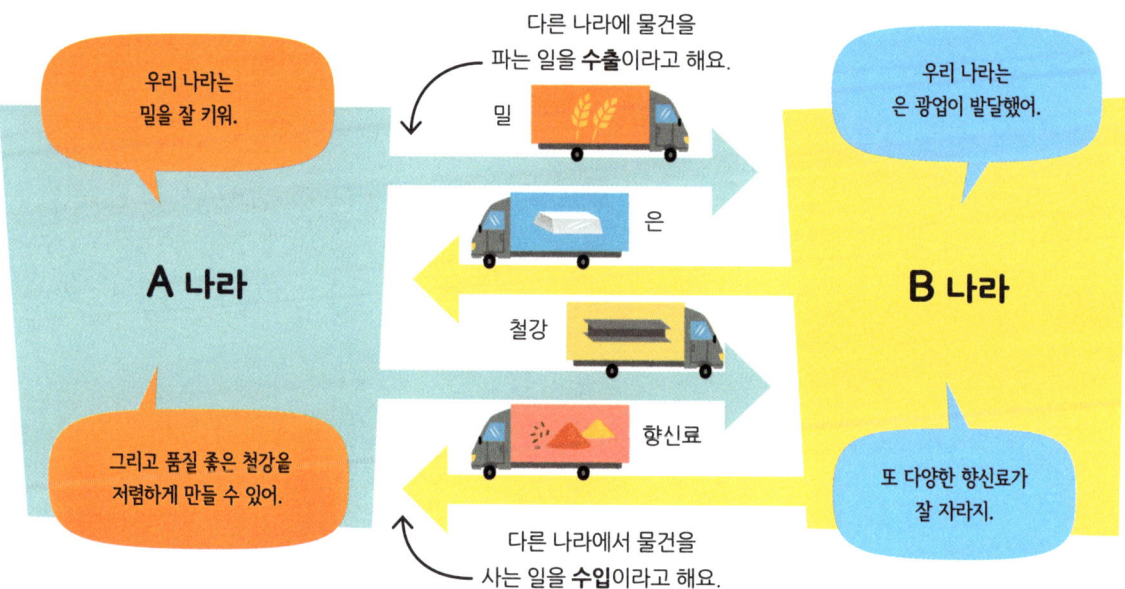

무역을 하는 나라들은 서로 협력해요. 서로에게 필요한 것을 주고받기 때문이에요.
하지만 무역 때문에 사이가 나빠질 수도 있어요.

무역하는 방식과 물품은 나라 살림에 큰 영향을 미쳐요.
무역으로 나라가 부유해질 수도 있지만, 많은 문제가 생기기도 해요.
나라 사이의 무역 관계 때문에 세계적인 문제에 더 큰 영향력을 발휘하는 나라가 정해지기도 해요.

예를 들어, 한 나라의 전체 경제가 특정한 물건의 수출에 크게 의지하는 경우를 생각해 보아요.
그 물건의 수요(또는 가격)가 확 떨어지면 나라의 소득도 줄어들어요.

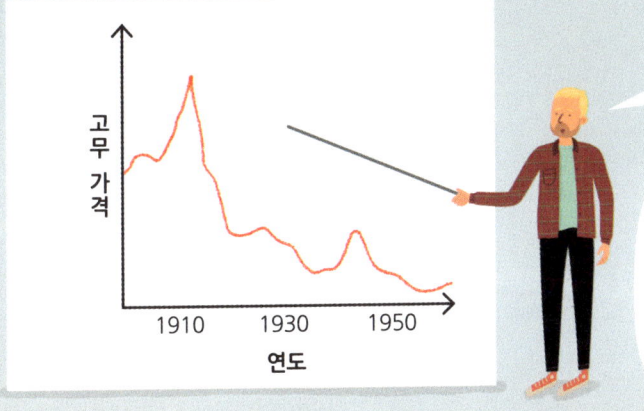

브라질은 1900년에 전 세계에 고무를 공급하는 주요 수출국이었어요.

하지만 40년도 안 되는 사이에 브라질 고무 가격이 폭락했지요. 동남아시아에서 더 싼 고무를 생산했고, 합성 고무가 발명되었거든요.

사람들이 많이 쓰는 제품을 주로 한 나라에서 생산한다면,
그 나라는 큰 힘을 가질 수도 있어요.

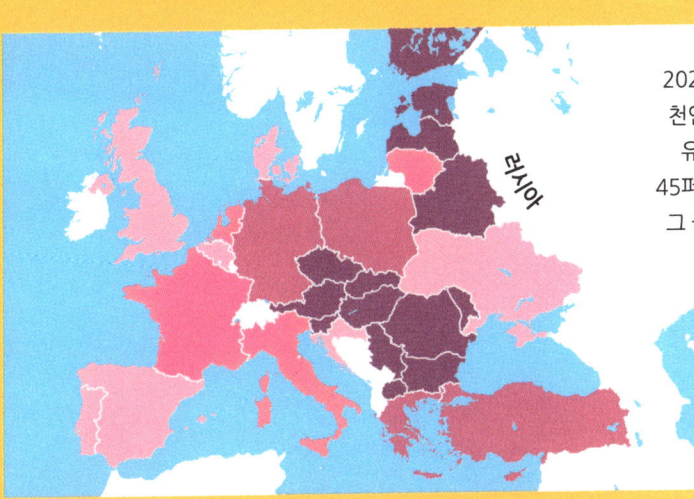

2021년에 러시아는 유럽에서 쓰는 천연가스의 주요 수출국이었어요. 유럽에서 사용하는 천연가스의 45퍼센트가량이 러시아 생산이었고, 그 금액은 약 **70조 원**에 달했어요!

지도에서 진한 자주색 부분에 해당하는 나라들은 전적으로 러시아에서 생산하는 가스만 썼어요.

2022년에 러시아가 우크라이나를 침략했지만, 몇몇 주변국들은 러시아의 침략에 반대한다는 의견을 내놓는 일을 꺼렸어요.
러시아가 가스 공급을 줄이거나 끊을까 봐 두려웠기 때문이에요.

무역 관계는 **정치지리학**에서 중요하게 다루는 주제예요. 정치지리학이란, 다양한 지역들 사이의 관계와 그 지역의 자원이 어떻게 이용되는지 살펴보는 지리학의 한 갈래지요.

강점과 약점

모든 나라는 저마다 강점과 약점이 있어요.
아래 매우 다른 두 나라의 사례를 통해 지리학에서 연구하는 방법을 살펴보세요.

나이지리아

전체 면적: 923,768제곱킬로미터

나이지리아는 바다를 끼고 있는 큰 나라로, 세계에서도 손꼽히는 큰 강이 흘러요.

석유, 천연가스, 석탄, 주석, 구리, 철 등 **지하자원**이 많고, 재생 에너지를 만들 잠재력도 많아요.

하지만 자원이 많은 게 다는 아니에요. 화석 연료가 많긴 하지만 **에너지** 공급이 허술해서 나이지리아 사람들은 전기 공급이 중단되는 문제를 자주 겪어요.

나이지리아 **경제**는 아프리카에서 최대 규모고, 계속 성장하고 있어요. 하지만 여러 가지 어려움도 있답니다.

스위스

전체 면적: 41,285제곱킬로미터

스위스는 작은 내륙 국가로, 산도 많고 호수도 많아요.

땅은 농사에 적합하지 않고 **지하자원**도 별로 없어요.

그런데 스위스는 비가 많이 내려요. 사람들은 빗물을 인공 호수에 모아서 공해 물질을 배출하지 않는 수력 **에너지**를 만들어요. 스위스에서는 전기의 60퍼센트 정도를 이렇게 생산해요.

스위스의 **경제**는 아주 튼튼해요. 인구는 적지만(870만 명), 세계 최고 수준의 값비싼 제품을 생산해요.

> 어떤 나라가 얼마나 잘 사는지 알아보고 싶다면 **경제**를 살펴보는 게 한 가지 방법이 될 수 있어요. 한 나라의 경제란 그 나라가 산업 활동으로 버는 돈을 말해요.

스위스 사람들은 교육 수준이 높고 직업 훈련이 잘 되어 있어요. 지리학에서는 이런 사람들을 숙련 노동력이라고 해요.

스위스는 아주 정교한 시계와 의약품 등 여러 가지 값비싼 제품을 생산해요. 노동자들은 높은 임금을 받으며, 실업률은 낮아요.

하지만 스위스는 인구가 점점 고령화하고 감소하고 있어요. 따라서 스위스 정부는 은퇴한 사람들을 지원하고 고령자들의 건강을 돌보는 데 점점 더 많은 돈을 써야 해요.

스위스는 오래전인 1648년에 독립 국가가 되었어요. 수백 년 동안 산업을 키워서 국가 경제를 성장시킬 수 있었지요.

나이지리아는 스위스보다 실업률이 높고, 숙련 노동자들은 일자리를 찾아 다른 나라로 떠나요.

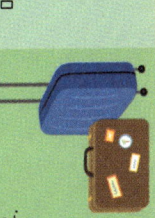

열대 지방에는 일 년 내내 말라리아라는 치명적인 **질병**이 위험이 있어요. 의료비, 노동력 상실, 관광 수입 감소 등 말라리아로 인한 비용 손실이 매년 약 9천억 원에 달해요.

나이지리아 **인구**는 세계 7위인데, 빠른 속도로 증가하고 있어요. 노동력은 젊고 활기가 넘치지만 그만큼 식량과 에너지가 많이 필요하다는 뜻이지요. 학교나 병원, 다른 사회적 서비스도 더 많아져야 해요.

나이지리아는 1960년에 독립했어요. 그전에는 100년가량 영국의 지배를 받았어요.

영국은 나이지리아의 지하자원과 사람들을 착취해서 나이지리아가 아니라 영국을 위해 사용했어요.

한 나라의 **역사**는 강점이 될 수도 있고 약점을 만들기도 해요. 어느 나라든 스스로에게 이로운 개발을 하려면 독립한지 오래된 안정적인 정부가 있어야 하지요.

세계화

지난 50년 동안 세계 여러 나라의 경제, 정치 제도, 문화는 전보다 훨씬 더 가깝게 연결되었어요. 이런 일을 **세계화**라고 해요. 지리학에서는 세계화가 세계 각지에 미치는 영향과 사람과 물건이 어떻게 이동하는지를 살펴보아요.

세계화는 여러 면에서 우리 삶의 방식을 바꾸었어요.

세계화 자체는 새로운 게 아니에요.
사람들은 아주 오래전부터 먼 길을 오가며 물건과 사상과 문화를 전파했어요.

2천 년쯤 전에 아주 먼 길을 오가며 무역을 하는 상인들이 생겨났어요. 유럽, 아프리카, 동아시아를 연결하는 이 길을 '비단길', 영어로는 실크 로드라고 불러요.

사람들은 상인들에게 다른 나라의 물건을 사곤 했어요. 중국의 비단, 유럽의 유리그릇 등이 인기 있었어요.

이 비단길을 따라 건축 양식이나 종교 사상뿐 아니라 화약 같은 전쟁 도구도 퍼졌어요.

하지만 지난 50년 동안 세계화의 속도가 옛날과는 비교할 수 없을 정도로 빨라져서, 나라 사이의 교류 방식과 사람들의 생활 모습이 크게 바뀌었어요.

무역

나라들 사이의 무역량은 전 세계적으로 지난 40년 동안 *네 배*로 늘었어요. 서로 무역을 많이 하는 나라는 경제적으로 가까워질 뿐 아니라 문화와 정치 같은 다른 분야에서도 관계가 밀접해져요.

이제 우리는 누구나 세계 여러 나라의 물건을 소비해요.

중국제
불가리아제
방글라데시제

입맛도 바뀐 것 같은데…….

이동

1700년에 세계 일주를 하려면 배를 타고 2년 동안 여행해야 했어요. 오늘날 지구를 한 바퀴 도는 데는 비행기로 이틀도 걸리지 않아요.

운송 수단이 발달하고 빨라지면서 여행과 무역이 쉬워졌어요. 금방 상하는 신선한 식품도 예외는 아니어서, 스페인 농부들이 기른 딸기가 전 세계로 팔려 나가요.

기술

인터넷 덕분에 나라 간 사업이 훨씬 쉬워졌어요. 돈을 보내는 일도 클릭 몇 번이면 되고, 장소에 상관없이 화상 회의를 할 수 있어요.

인터넷 덕분에 전 세계 소식을 바로바로 쉽게 알 수 있어요.

긴급 뉴스
우크라이나 키이우

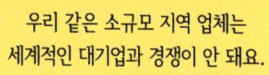

초강대국

세계의 많은 나라 가운데 특별히 영향력이 큰 나라가 있어요.
이런 나라는 자국의 이익을 지키는 일에 뛰어날 뿐 아니라,
다른 나라들도 마음대로 움직일 수 있어요.
세계에서 가장 강한 몇몇 나라를 **초강대국**이라고 해요.

초강대국들은 대개 여러 분야에서 강점이 있어요.
강대국 중의 강대국이라고 하는 미국을 예로 들어 살펴보아요.

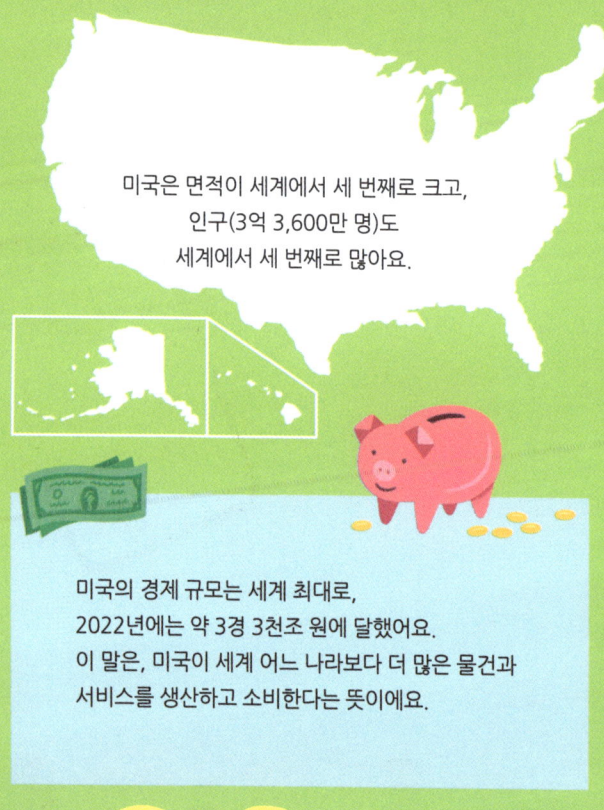

미국은 면적이 세계에서 세 번째로 크고,
인구(3억 3,600만 명)도
세계에서 세 번째로 많아요.

미국 군대는 세계 최강이에요.
미국은 핵무기를 보유한
세계 아홉 나라 중 하나고,
전 세계 600곳에 군사 기지를
두고 있어요.

미국은 이런 힘을 이용해
전 세계에서 자국의 이익을 보호해요.
또한 다른 나라들이 미국의 뜻에
어긋나게 행동하는 일을 막아요.

미국의 경제 규모는 세계 최대로,
2022년에는 약 3경 3천조 원에 달했어요.
이 말은, 미국이 세계 어느 나라보다 더 많은 물건과
서비스를 생산하고 소비한다는 뜻이에요.

미국은 어떻게 다른 나라들에
영향력을 발휘하나요?

군사 행동을 일으키거나
그러겠다고 협박하기도 하고,
무역 방식을 바꿔서
상대국에 피해를 주기도 해.

또 간접적이거나 미묘한 방식으로
영향력을 줄 때도 있어.
미국 영화나 상품, 생활 방식, 문화가
전 세계에서 인기가 높다 보니,
다른 나라 사람들도 미국식 행동이나
사고방식을 친근하게 느끼지.

경제 규모가 작거나 힘이 약한 나라들은 세계 무대에서 목소리를 내기가 어려워요.
이런 문제를 해결하기 위해 여러 나라가 손을 잡고 협정을 맺기도 하지요.
어떤 일이나 행동을 같이 하기로 약속하는 거예요.

여러 나라가 협력하면 힘을 더 키울 수 있어요. **유럽연합(EU)**은 세계 무대에서 초강대국 역할을 해요.
유럽연합은 27개 나라의 연합이에요. 그래서 한 나라일 때에 비해…

… 협상력이 높아요.
다른 나라들과
무역 협상을 할 때
유리해요.

… 영향력이 커요.
유럽연합 군대는 따로 없지만,
전쟁이나 기후 변화 같은
중요한 문제를 다룰 때 유럽연합의 의견은
중요하게 다루어져요.

… 경제 규모가 커요.
유럽연합의 경제 규모는
세계 3위예요.

… 의사 결정이 느려요.
어떤 행동을 취하려면
회원국의 의견이 모두 일치해야 해요.
그래서 유럽연합은 때때로
약하고 분열되어 보여요.

나라는 아니지만, 세계적인 문제에 발언권이나 영향력을 행사하는 기관이나 단체도 있어요.
여러 국제기구 중에서도 특히 중요한 곳이 **국제연합(UN)**이에요. 흔히 유엔이라고 부르는 국제연합은
참혹했던 2차 세계대전이 끝난 1945년에, 세계 평화와 안전을 지키고 보장하기 위해
만들어진 국제기구예요. 전 세계 거의 모든 나라가 유엔의 회원국이에요.

나라들 사이에 불화나 분쟁이 발생하면
유엔은 그 나라들에게 협상을 하도록 권유해요.

유엔이 평화 유지 군대나 경찰을 파견할 때도 있어요.
이런 군대는 유엔 회원국의 군인들로 이루어지며
어느 한쪽을 편들지 않아요. 또한 유엔 평화 유지군은
자신들이 위험할 때만 무기를 쓸 수 있어요.

> 국제 문제에서 유엔은
> 약간 심판 같은 느낌이 드네요.

> 하지만 유엔이 힘을 못 쓸 때도 있어.
> 강대국들이 자신들의 마음에
> 들지 않는 일은 유엔 회의에서
> 투표로 막을 수 있으니까.

떠나는 사람들

오늘날은 예전과 달리 수많은 사람이 사는 곳을 옮겨요. 일이나 공부를 하기 위해 떠나는 사람들도 있고, 가족을 만나기 위해, 또는 폭력이나 홍수, 굶주림을 피하려고 떠나는 사람들도 있어요. 사람이 다른 곳에서 살기 위해 떠나는 일을 **이주**라고 해요.

> 옛날에는 이주가 없었나요?

> 있었지! 인간의 역사 내내 이주를 해 왔어. 그러니까 30만 년 전부터.

> 이주는 한 나라 안에서 하나요? 아니면 다른 나라로 가나요?

> 둘 다야. 2020년에는 2억 8,100만 명이 다른 나라로 이주했어. 당시 세계 인구의 3.6퍼센트였어. 2000년에는 2.5퍼센트였으니까, 이주민이 더 많아졌지.

> 사람들은 어느 나라에서 어느 나라로 가나요?

> 그건 지리학의 연구 주제야! 그런데 때때로 정확한 답을 찾기가 쉽지 않아. 공식 기록을 남기지 않는 사람들도 있거든.

2020년에 국민이 가장 많이 떠난 나라는 인도예요.
많은 인도인이 노동자가 부족한 아랍에미리트 연합국이나 사우디아라비아 등으로 갔어요.
자신의 뜻에 따라 다른 나라로 가는 사람을 **이민자**라고 해요.

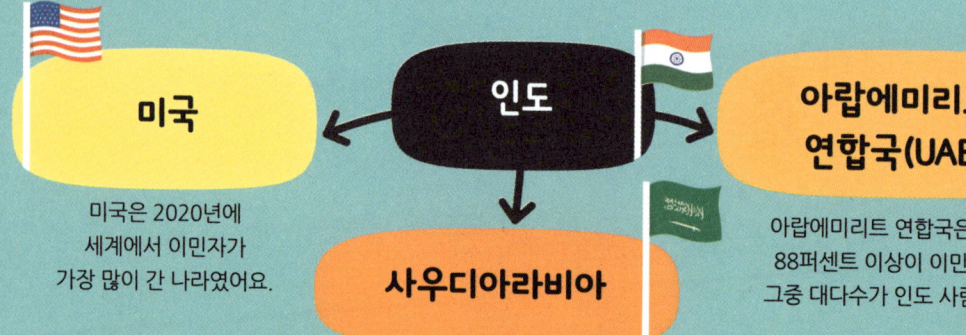

미국 — 미국은 2020년에 세계에서 이민자가 가장 많이 간 나라였어요.

인도

아랍에미리트 연합국(UAE) — 아랍에미리트 연합국은 인구의 88퍼센트 이상이 이민자인데, 그중 대다수가 인도 사람이에요.

사우디아라비아 — 사우디아라비아에는 250만 명의 인도인이 살아요.

사람들의 이주 경로는 세계의 변화에 따라 끊임없이 변해요.
때로는 한꺼번에 많은 사람이 몰려들어서 새로운 이주 경로가 생기기도 해요.
대개 이런 길은 스스로 원해서가 아니라 위험을 피해 달아나는 사람들로 인해 생겨나지요.
안전한 삶을 찾아 자기 나라를 떠나는 사람들을 **난민**이라고 해요.
난민이 생기는 이유는 다양해요.

전쟁
고향 마을이 전쟁에 휘말렸어요.

박해
생활 방식이나 개인적인 신념 때문에 체포되거나 심지어 죽임을 당할 위험이 있어요.

자연재해
고향 마을이 지진으로 파괴되었어요.

지리학자들은 이민이 장소와 사람들에게 어떤 영향을 미치는지 연구해요.

애플, 구글, 아마존 같은 세계적인 회사들을 이민자 또는 이민자의 자녀가 창립했어요.

나는 이민자들이 학교, 보건, 주택 공급에 미치는 영향을 살펴보고 있어요.

나는 이 지역에서 이민자들이 여는 행사와 그 사람들이 창업한 식당이나 가게를 조사해서 모두 기록해요.

나는 다른 이민자들에게 이민 생활이 어떤지 물어보는 중이에요. 언어 교육을 비롯해 공공 서비스를 얼마나 받고 있는지 알고 싶어요.

제6장
더 나은 삶을 위해

국민의 생활 수준이나 삶의 질을 높이기 위해
하는 일을 가리켜 **개발**이라고 해요.
교육, 보건에서부터 일자리와 개인의 자유에 이르기까지,
모든 분야가 개발의 대상이에요.

이런 일이 지리학과 상관이 있느냐고요? 물론 관련이 있어요.
지리학에서는 한 나라 또는 전 세계에서 일어나는 개발을 조사하고
어떤 차이가 있는지 측정하기도 해요.
이런 데이터를 활용하면 어느 곳의 삶의 질이 더 좋은지,
그 이유는 무엇인지 알아낼 수 있어요.

개발을 측정하는 방법

한 나라의 개발 정도를 측정해서 수치로 나타낼 수 있어요. 지리학에서는 그것을 **지표**라고 불러요. 지리학자들은 시간이 흐름에 따라 지표가 어떻게 달라지는지 비교해요. 지리학에서 사용하는 지표의 종류는 수백 가지가 넘는데, 각각 장점과 단점이 있어요. 아래에서 그중 몇 가지 지표를 살펴보아요.

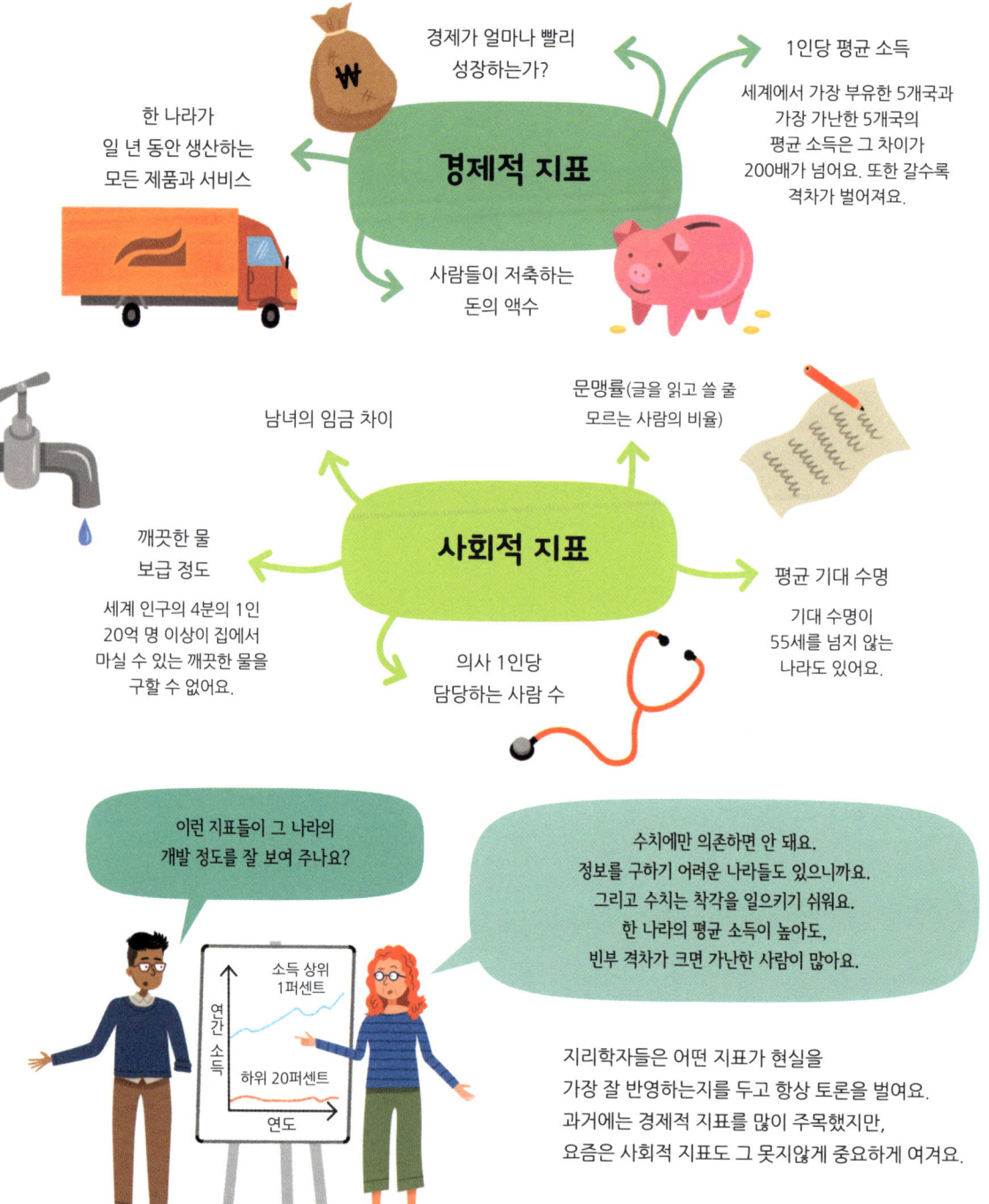

인간개발지수

유엔에서는 1990년에 **인간개발지수**(HDI)라는 측정치를 만들었어요.
사람들이 얼마나 좋은 교육을 받고, 얼마나 인간다운 생활 수준을 유지하고
건강한 삶을 사는지를 수치로 나타내는 거예요.

인간개발지수는 4가지 지표가 기본이에요.

- 기대 수명
- 기대 교육년수
- 평균 교육년수
- 1인당 평균 소득

2022년 세계 각국의 인간개발지수 점수와 순위는 다음과 같아요.

1. 스위스	0.962
2. 노르웨이	0.961
3. 아이슬란드	0.959
4. 홍콩	0.952
5. 오스트레일리아	0.951
6. 덴마크	0.948
7. 스웨덴	0.947
8. 아일랜드	0.945
9. 독일	0.942
10. 네덜란드	0.941

인간개발지수의 만점은 1이에요.

인간개발지수의 순위가 높다는 건
그 나라 국민의 생활, 보건, 교육 수준이 높고,
높은 소득을 올릴 기회가 많다는 뜻이에요.

대체로 북유럽 나라들의
인간개발지수 점수가 높고,
아프리카 나라들이 최하위권이에요.*

*그 이유는 107쪽에서 알아보세요.

인간개발지수를 사용하면 세계 각국의 개발 정도를 편리하게 비교할 수 있어요.
하지만 이 지표는 경제 성장률이나 자유, 특히 '행복' 같은 많은 중요한 요소를 무시해요.
어떤 지리학자들은 행복과 복지를 더 중요하게 평가해야 한다고 생각해요.
하지만 행복을 어떻게 측정할 수 있을까요?

잠깐 시간을 내서
행복에 대한 질문에
답해 주시겠어요?

행복에 대한 설문 조사

(1~10점) 당신의 인생에 얼마나 만족하나요? ☐

(1~10점) 어제 하루 동안 얼마나 불안을 느꼈나요? ☐

(1~10점) 일과 삶이 균형을 이루고 있나요? ☐

개발을 가로막는 장벽들

아무리 수출을 늘리고 여러 가지 사회적인 노력을 기울여도,
인간개발지수 순위가 계속 최하위권에 머물러 있는 나라도 있어요.
지리학자들은 그 이유를 탐구해요.

항구가 없는 내륙 국가

많은 물건을 가장 저렴하게 운송하는 방식은 해상 운송이에요. 그러니까 육지로 둘러싸여 항구가 없는 나라는 무역 비용이 크게 올라가요.

하지만 내륙 국가라고 해서 꼭 불리한 건 아니에요. 스위스는 내륙 국가지만 안정적인 경제 강국이고, 2022년 인간개발지수 순위가 세계 1위였잖아요.

불편한 교통

도로와 철도 등 교통 시설이 불편하면 경제 활동을 하기가 어려워요.

산사태가 났습니다. 돌아가세요.

천연자원에 대한 지나친 의존

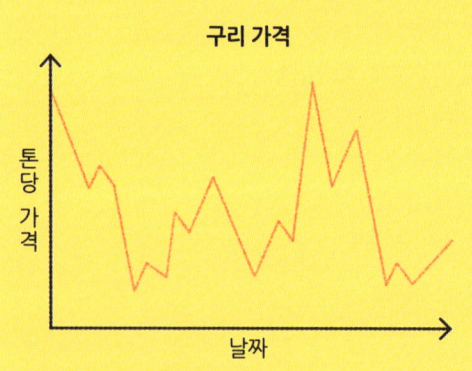

구리 가격 / 톤당 가격 / 날짜

어떤 나라는 구리나 커피 같은 천연자원이 주요 수출품이에요.

상품 가격이 내려가면 나라 전체의 소득이 큰 타격을 받아요. 수출 상품이 다양한 나라는 이런 일이 생겨도 영향을 덜 받아요.

빚

많은 나라가 다른 나라나 국제기구에서 돈을 빌려서 학교와 도로를 건설하는 등 개발 계획을 실행해요. 그렇게 빌린 돈은 **빚**이 되어 꾸준히 갚아야 해요. 그런데 빚이 너무 많아서 빚을 갚고 나면 필요한 일에 쓸 돈이 남아 있지 않을 때도 있어요.

많은 저개발 국가가 부유한 나라에서 큰돈을 빌렸다가 갚지 못해 힘들어하고 있어요.

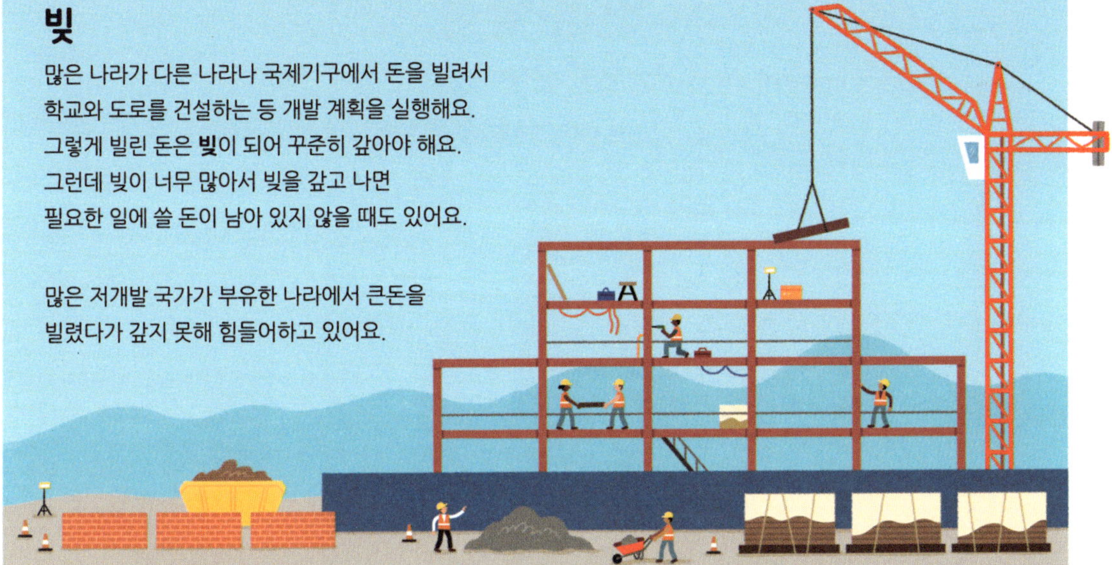

이렇게 되면 또다시 빚을 지거나, 다른 나라와 무역을 할 때 장기적인 이득을 포기하는 불리한 계약을 맺어야 할 수도 있어요.

허약한 정부

정부 관리들이 뇌물을 받거나 나랏돈을 빼돌리는 나라도 있어요. 이런 일을 **부패**라고 해요.

전쟁

전쟁은 한 나라의 경제, 교육, 보건, 일상을 파괴해요. 또한 많은 사람이 난민이 되어 나라를 떠나요.

기후와 자연재해

지리적 위치 때문에 위기를 겪는 나라도 있어요. 지난 몇 년 동안 방글라데시와 파키스탄은 사이클론과 홍수를, 에티오피아와 소말리아는 가뭄을, 에콰도르와 아이티는 지진을, 통가는 화산 폭발을 겪었어요.

> 기후 위기 때문에 자연재해가 점점 더 심해져요.

빈곤 극복

세계 여러 나라와 국제기구, 자선 단체들은 세계의 빈곤과 불평등을 없애려고 노력하고 있어요. 특히 **지속 가능한 개발**에 초점을 맞추지요. 지속 가능한 개발이란, 미래 세대에게 해를 끼치지 않고 현 세대의 삶을 개선하는 것을 뜻해요.

지리학자들이 빈곤을 없앨 수는 없어요. 하지만 지리학자들은 빈곤과 관련된 각종 데이터(가뭄, 홍수, 전쟁, 남녀 불평등, 개발 계획 등)를 모으고 정리해서, 빈곤을 극복하는 일에 도움을 주어요.

가뭄 지도

우리는 가뭄이 일어나는 지역과 이유, 그리고 가뭄이 사람들에게 미치는 영향과 앞으로 가뭄을 막으려면 어떻게 해야 하는지 연구해요.

지리 정보 시스템(GIS)의 데이터를 사용하면 위기 지역을 재빨리 파악하고, 기근 같은 미래의 위기를 예측할 수 있어요.

지도의 붉은색은 강우량이 가장 적은 지역을 나타내요.

지리학자들은 빈곤과 저학력의 관계를 연구해요. 예를 들어, 국제연합에서 인도네시아의 파푸아와 서파푸아 농촌 지역에 학교를 세우고 교사를 양성하는 등 교육 사업을 벌이면 어떤 효과가 있는지 조사해요.

국제연합이 교육 사업을 벌이는 목표 중 하나는 여자아이들도 학교에 보내는 거였지요.

교육에서 남녀 불평등이 사라지면 여자도 기업과 정부로 진출할 거예요. 그러면 가족 건강과 경제 수준이 높아지고 빈곤을 극복할 수 있을 거예요.

국제 원조의 좋은 점과 나쁜 점

어느 지역에 긴급한 위기가 발생하면 가장 빨리 도와주는 방법은
돈과 식량, 각종 물품을 보내 주는 거예요. 이걸 원조, 또는 **인도적 지원**이라고 해요.
분쟁이나 자연재해가 발생한 지역에 인도적 지원을 자주 하지요.
하지만 이런 원조는 장기적으로 어떤 영향을 줄까요?

2022년에 소말리아에서는
극심한 가뭄과 분쟁 때문에
수십만 명이 집을 떠나야 했어요.

수많은 사람이 영양 부족과 굶주림에 시달렸어요.
전 세계 여러 나라와 단체에서 식량,
의료진과 의약품, 주거 시설을 지원했어요.

원조가 효과가 있었나요?

원조는 빈곤과 기아의 감소,
치명적인 질병의 예방과 치료, 학교 설립,
여성의 교육과 취업 증대에서
큰 성공을 거두었어요.

하지만 어떤 나라는 원조를 계속 받다 보니
거기에 의존하게 되었어요.
그래서 스스로의 힘으로 장기적인 해결책을
찾는 일이 불가능해졌어요.

맞는 말이에요.
하지만 재난이 닥치면
일단 도움을 베풀어야 해요.

그렇긴 하지만 그것 말고도 할 수 있는 일이 많아요.
가뭄을 예로 들면, 물을 보호하고 물 사용과 관련된
분쟁을 해결하는 데에 좀 더 투자하는 거예요.
그러면 그 지역 사람들이 스스로 가뭄 문제에
대응하는 능력을 기를 수 있어요.

정말 좋은 생각이에요.
하지만 긴급 상황이나 자연재해는
갑작스럽게 발생하기 때문에
대처하기 어려울 수 있어요.

제7장
중대한 문제들

세상은 너무도 크고 복잡해서 지리학자들이
아래와 같이 쉽게 대답하지 못하는 문제가 끝없이 생겨나요.

'월드 와이드 웹' 같은 가상 공간의 지리학은 어떻게 연구할까요?

인간은 우리가 사는 지구를 얼마나 변화시켰을까요?

국경이 없으면 어떻게 될까요?

여성들이 도시를 설계하면 달라질까요?

지리와 역사는 어떤 관계가 있고, 역사는 오늘날의 지리에 어떤 영향을 미쳤을까요?

완벽한 지도를 만들 방법을 찾을 수 있을까요?

인간이 지구에 일으킨 변화

인간은 지구에 엄청난 영향을 미치고 있어요.
지질학자들이 땅속에서 그 증거를 찾아낼 수 있을 정도예요.

지질학은 지구의 역사를 아주 큰 덩어리로 나누는데 **누대, 대, 기, 세**로 나타내요.
가장 큰 덩어리는 수억년을 가리키는 '누대'예요.
'세'는 200만 년에서 5,000만 년 정도의 시간을 가리켜요.

각 시대의 지층을 보여 주는 그림표예요.

약 12,000년 전, 지구의 기온이 오르고 땅과 바다를 덮은 얼음이 녹기 시작했어요. 이 경계는 가장 최근 지질 시대인 **홀로세**의 시작을 나타내요.

인간은 약 30만 년 전인 이 지점쯤 등장했어요.

258만 년 전에 지구 북반구가 대부분 얼음으로 덮였어요. 이 경계는 **플라이스토세**의 시작을 나타내요.

지질학자는 땅속에서 실마리를 찾아요. 각종 암석과 화석, 고대의 얼음, 바다 밑바닥의 작은 입자 같은 것을 보면, 지질 시대가 변한 때를 알 수 있어요.

이 경계는 공룡이 멸종된 6,600만 년 전을 나타내요. **백악기 후기**가 끝나는 지점이지요.

파충류가 땅 위를 지배했어요.
꽃 피는 식물이 처음 나타났어요.

이 경계는 2억 년 전 무렵인 **쥐라기 전기**의 시작을 나타내요.

포유류는 2억 1천만 년 전에 나타났어요.
최초의 공룡 화석은 2억 3천만 년 전의 암석에서 발견되었어요.

과학자 중에는 인간이 지구에 너무 엄청난 변화를 일으키고 있으므로,
지금은 홀로세가 아닌 **인류세**라는 새로운 지질 시대라고 말하는 사람도 있어요.
하지만 그렇게 볼 만한 확고한 증거가 충분한지는 지질학자에 따라 의견이 갈려요.

지금이 인류세라는 증거는 뭔가요?
그리고 그게 언제
시작되었다는 거예요?

좋은 질문이에요.
과학자들에 따라 의견이 다양한데,
아래와 같은 연대를 제시하기도 해요.

오늘날

1945~1950년
핵폭탄의 방사능 입자가 흙 속에서 감지되었어요.
전 세계에서 산업과 농업이 크게 발전하면서
생물 서식지가 광범위하게 파괴되었고,
화학 물질이 흙 속에 스며들었어요.
플라스틱과 콘크리트 쓰레기가 늘어났어요.

1800년
석탄을 사용해 탄소와 메탄가스를
대기 중으로 배출하는 공장이
대규모로 건설되자, 공해가 생기고
지구 온난화가 시작되었어요.

1492년
크리스토퍼 콜럼버스가 바하마 제도에
상륙한 뒤, 유럽과 남북 아메리카 사이에서
사람과 동식물이 대규모로 이동하기
시작했어요. 아메리카의 유해가 유럽에서,
유럽의 유해가 아메리카에서 발견되었지요.

4,000~6,000년 전
사람들이 산과 숲을 개간해서
작물을 심고 동물을 키웠어요.
이로써 지구의 풍경이 달라졌고,
대기 중에 온실가스가 배출되었어요.

인류세가 정말로 지질 시대인지는 아직 알 수 없어요. 하지만 이 문제를 둘러싼 논쟁과
과학적 증거를 찾으려는 노력은 지구의 미래를 걱정하는 사람들에게 엄청난 관심거리예요.

역사 속의 지리학

지리학자들은 특정 지역이 과거에는 어땠는지도 연구해요.
그 지역의 옛 풍광이나 기후, 사람들의 생활 방식을 살펴보지요.
지리학 중에서 이러한 연구 분야를 **역사지리학**이라고 해요.

나는 잉카를 연구해요.
잉카는 15세기에 남아메리카의
에콰도르에서 칠레까지,
안데스산맥 지역을 지배한 제국이에요.

● 잉카 제국

에콰도르
페루
볼리비아
칠레
아르헨티나

해발 3,000미터

학자들은 기온이 영하로 떨어지는 높은 산간 지대에서
산기슭을 깎아 만든 계단식 밭을 발견했어요.

계단식 밭은 잉카가 지속 가능한
수직 농법을 개발했다는 것을 보여 주어요.

돌담 높이:
2~5미터

계단식 밭의 옆면에는
흙이 흘러내리지 않도록
돌담을 둘렀어요.

이런 계단식 밭은 '안데네스'라고 불렀어요.
산지에 평평한 땅을 만들어서 작물들이 햇빛과 비를 많이 받고,
추운 날씨에 뿌리가 상하지 않도록 해 주었어요.

지그재그 형태로 관개 수로를 만들어
인근의 빙하 녹은 물이 산기슭으로 흐르게 했어요.
돌로 만든 물탱크에 물을 저장하기도 했답니다.

역사지리학은 아주 다양한 곳에서 정보를 찾아내요.

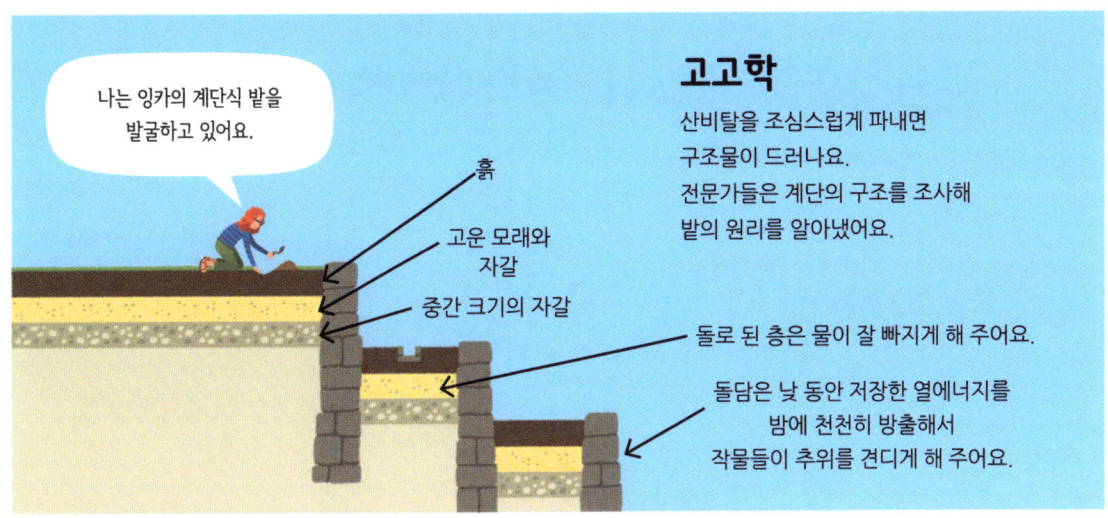

고고학

산비탈을 조심스럽게 파내면 구조물이 드러나요.
전문가들은 계단의 구조를 조사해 밭의 원리를 알아냈어요.

나는 잉카의 계단식 밭을 발굴하고 있어요.

흙
고운 모래와 자갈
중간 크기의 자갈

돌로 된 층은 물이 잘 빠지게 해 주어요.

돌담은 낮 동안 저장한 열에너지를 밤에 천천히 방출해서 작물들이 추위를 견디게 해 주어요.

과학 연구

꽃가루, 씨, 식물 잔해를 연구해 잉카에서 어떤 작물을 키웠는지 알아냈어요.

흙의 화학 성분을 분석해서, 잉카 사람들이 홍수가 난 지역의 비옥한 흙을 가져다가 고지대 흙에 섞는 방법으로 영양분을 공급했다는 것을 알 수 있었지요.

잉카인은 추위, 가뭄, 홍수에 잘 견디는 작물을 개발했어요. 와냐라는 품종의 감자는 물에 불려서 얼리고 말리면 몇 년 동안 저장할 수 있었지요.

역사 기록

문자로 기록된 자료들도 잉카의 생활 방식에 대해 알려 줘요.

잉카에는 글이 없었어요. 하지만 잉카 공주와 스페인인 정복자 사이에서 태어난 가르실라소 데 라 베가가 1609년에 쓴 『잉카 왕실사』에 잉카의 농사 기술 이야기가 나와요.

이 책에는 산기슭에 계단식 밭을 만들어 산 전체를 농지로 바꿨던 과정이 나와 있어요.

식민지의 역사

15세기 이후 유럽의 여러 나라가 다른 많은 나라를 **식민지**로 만들었어요.
그 뒤 몇백 년 동안 세계 정치는 유럽의 몇몇 나라가 지배했고,
이는 세계 지리에도 큰 영향을 미쳤어요.

1700년대에 이르러, 남북 아메리카와 중앙아메리카, 대다수 카리브해 섬이
유럽 국가들의 손에 들어갔어요.

1700년대 초 아메리카 대륙 지도

- 영국 영토
- 프랑스 영토
- 스페인 영토
- 네덜란드 영토
- 포르투갈 영토

유럽인들은 이렇게 차지한 식민지로 이주해서…

…그곳 토착민들에게 자신들 나라의 법, 종교, 언어를 강요했어요.

주택, 도로, 공장을 짓고, 새로운 의술, 새로운 문자와 통치 방식을 들여왔어요.

천연두 같은 치명적인 질병을 퍼뜨려 수백만 명의 토착민을 죽게 했어요.

식민지에서 금과 은 같은 천연자원을 빼앗아 갔어요.

유럽인들은 16세기부터 19세기까지 수백만 명의 서아프리카인을 아메리카 대륙으로 끌고 가서
노예로 삼고 임금도 지불하지 않고 일을 시켰어요.
그리고 노예를 상품처럼 사고 팔았는데 이를 '노예 무역'이라고 해요.

식민지의 후유증

18세기 이후 식민지들은 차례로 독립했지만,
식민지였기 때문에 생긴 복잡한 문제에 시달리는 나라가 여전히 많아요.
옛날에 식민지였던 나라들은 대부분 오늘날 세계에서 가장 가난한 나라에 속해요.

아이티는 18세기에는 세계에서 가장 부유한 식민지였지만, 1804년 프랑스에서 독립한 뒤로 많은 어려움을 겪고 있어요. 예전에는 프랑스에게 돈을 빼앗겼고, 그다음엔 정치적 불안과 자연재해에 계속 시달렸어요. 오늘날 아이티는 세계에서 가장 가난한 나라 중 하나예요.

식민지 통치자들은 사람을 피부색이나 출신 지역에 따라 차별하는
각종 법과 제도를 만들었어요.

이런 식민 통치의 결과 중 하나로, 아메리카 대륙과 전 세계의 다양한 문화와 인종이 섞이게 되었어요. 그리고 또 다른 영향이 있는데, 바로 토착민과 흑인에 대한 차별이에요.

많은 나라에서 인종 차별에 반대하는 법을 만들었어요. 하지만 흑인과 토착민들은 아직도 취업할 때나 재판받을 때 차별을 당할 뿐만 아니라, 백인들과 같은 생활 수준을 누리지 못해요.

유럽의 지도자들이 현지 사정은 전혀 생각하지 않고 멋대로 국경선을 그린 나라들도 있어요.
그 때문에 여러 가지 인종 갈등과 국경 분쟁이 생겨났고, 오늘날까지도 이어지고 있어요.

나는 앙골라 사람이지만, 키콩고어를 쓰는 전통 있는 문화권의 후손이기도 해요. 우리 지역은 과거에 포르투갈, 프랑스, 벨기에의 식민지였어요.

오늘날 키콩고어를 쓰는 600만 명가량의 사람들은 앙골라, 콩고민주공화국, 콩고공화국, 가봉 네 나라에 흩어져 있어요.

공간과 사람

똑같은 건물과 공간이라도 개인에 따라 다르게 느끼고 경험한다는 것을 생각해 본 적 있나요? 지리학에서는 사람이 성별, 나이, 인종, 신체 능력에 따라 공간을 어떻게 경험하는지도 연구해요.

도시 계획가들이 다양한 사람들의 다양한 이용 경험을 알게 된다면, 도시를 더욱 **포용적**이고 편안한 공간으로 만들 수 있어요. 포용적 공간이란 누구나 편안하게 이용할 수 있는 공간이라는 뜻이에요.

1990년대 중반 오스트리아의 수도 빈에서 공원 이용자를 조사했어요.
그 결과, 남자는 청소년기에도 공원에 계속 오는데
여자는 아홉 살 이후로는 공원에 잘 오지 않는다는 사실이 밝혀졌어요.

이것은 변화가 일어나기 전과 후의 공원 모습이에요.
어떤 차이가 있는지 보이나요?

공원 설계자들은 사람들의 의견을 조사해, 공원에 여학생들이 좋아하는 배구와 배드민턴 코트를 만들었어요.
그리고 사람들이 편하게 쉬면서 대화할 수 있도록 벤치도 늘렸어요.

포용적 공간을 만드는 게
왜 중요한가요?

사람들이 어떤 장소에서
안전함과 편안함을 느끼지 않으면
그 공간을 사용하지 않게 되거든.
그런데 공공장소란 모두를 위한 공간이어야 하니까.

포용적 공간을 만드는 일이
어려운가요?

어려워. 다른 사람이
공간을 사용하는 방식은
알아차리기 쉽지 않거든.

지리학은 이런 문제에
도움을 주기 위해
무엇을 하나요?

설문 조사를 하거나, 사람들이 어떤 장소를
많이 찾아가고 또 가지 않는지 관찰하고,
그 이유를 찾아보는 거야.

디지털 세계

인터넷은 전 세계의 컴퓨터 네트워크를 연결한 것을 말해요.
사람들은 인터넷으로 온갖 아이디어, 정보, 돈, 사진과 동영상을
눈 깜박할 사이에 전 세계로 전달해요. 디지털 공간은 물리적인 거리, 시간,
장소의 제약에서 벗어난 독특한 공간이에요. 바로 디지털 지리학의 세계지요.

인터넷망을 도표로 나타내는 한 가지 방법은,
서로 연결된 네트워크들을 선으로 이어 보는
거예요. 예를 들어, 한 도시 안에 있는
대다수 학교는 각각의 네트워크가 있고,
동시에 그 도시의 큰 네트워크와도
연결되어 있어요.

인터넷의 모든 네트워크가
연결된 모습을 도표로 그리면,
옆의 그림처럼 수많은 선이 복잡하게
엉킨 거미줄 같은 모습이 되어요. ⟶

밝은 지점들은 네트워크가
아주 많이 연결된 지역 네트워크예요.

지리학자들은 인터넷의 물리적인 요소들도
지도로 작성해요. 해저 케이블, 컴퓨터, 와이파이
송신탑, 인공위성 등이 여기에 포함되지요.

해저 케이블을 많이 설치한 나라는
인터넷 속도가 빠르고 비용도 저렴해.

해저 케이블

디지털 지리학에서는 디지털 세계가 실제 사람과 장소에 어떤 방식으로 영향을 미치는지 연구해요.
학자들은 이런 질문을 해요.

전 세계 각 지역의
인터넷 연결
비용과 속도는
어떻게 다른가?

인터넷 세계를
지배하는 것은
어떤 회사들이고,
그 결과는 어떠한가?

검색 엔진은
우리의 장소 인식에
어떤 영향을
미치는가?

무엇이든 물어보세요.
영국은…
영국은 비가 오나요?
영국은 어디 있나요?

인터넷에서 정보를
찾을 수 있는지 아닌지가
사람들의 생사를 가를 때도 있어요.

2014년 서아프리카에
에볼라라는 무서운 질병이 퍼졌는데,
이 지역은 인터넷 지도에 나와 있지 않아서
식량과 의약품을 나눠 주기가 어려웠어요.

그래서 자원봉사자들이
인공위성 사진들을 베껴서
디지털 지도를 만들었어요.
그 지도 덕분에 자선 단체들이
도움이 필요한 사람들을
찾아갈 수 있었어요.

사람의 이동

유엔 '세계 인권 선언'에는 사람은 누구나 원하는 나라에 들어가고 나올 수 있고,
그 안에서 이동하고 거주할 권리를 가져야 한다고 나와 있어요.
하지만 실제로 모든 사람이 이런 권리를 누릴 수 있는지는 나라마다 규정이 달라요.

이탈리아에 오신 것을 환영합니다.

나는 한국인이에요.
대한민국 여권이 있으면 세계 190개국을
사전 허가 없이 방문할 수 있지요.
대한민국 여권은 세계에서 잘 통하는
여권이에요.

여권 심사

나는 유럽인이에요.
유럽 여권이 있으면
유럽연합 27개국을 국경 검문 없이
자유롭게 다닐 수 있어요.

나는 이탈리아에 직장을 구했어요.
그래서 취업 비자*를 받아
이탈리아에서 살 수 있어요.

*한 나라에 들어가는 걸
허락한다는 증명

나는 이탈리아 기업에
50만 유로를 투자해서
영주권*을 받았어요.

*한 나라에서 계속 살 수 있는 권리

필요한 서류를 갖추지 못하면, 다른 나라로 가기가 매우 어려워요.

나는 난민이에요. 비자는 없지만
우리 나라가 너무 위험해서
이 나라에서 영주권을 받으려고 해요.
하지만 영주권 심사에 시간이
너무 오래 걸려요.

우리는 더 나은 삶을 찾아
이곳에 왔지만,
비자를 받을 수가 없어서
중개인에게 돈을 주고
몰래 국경을 넘었어요.

다른 나라로 이동할 때는 지켜야 할 규정이 있어요.
이 규정은 각자의 출신지, 능력이나 기술, 재산 정도에 따라 크게 달라져요.

국경을 열어야 할까요?

어떤 나라는 국경을 개방해요. 그러면 누구나 자유롭게 그 나라에 들어가서 일자리를 찾을 수 있어요.
국경 개방을 두고 사람들은 크게 두 가지 점에서 의견이 갈려요.

국경 개방이 세계 경제에 도움이 된다고요?

더 많은 사람이 다른 나라로 가서 더 좋은 일자리를 찾으면,
그 사람들은 가난에서 벗어날 수 있고
새로 정착한 나라의 경제에도 도움이 될 거예요.

하지만 사람들이 떠나는 나라는요?
일할 사람이 없으면
가난한 나라는 더 힘들어져요.

이민자들은 돈을 벌면
대부분 본국으로 보내고
결국 자기 나라로 돌아가요.
그러니까 본국에도 이득이에요.

하지만 새로 간 나라의 노동자들은요?
그 사람들한테는 경쟁자가 생긴 거니까
일자리를 얻을 기회가 줄어들 거예요.

그렇지 않아요.
부유한 나라는 노인 인구가 많아서
경제가 돌아가려면 젊은 노동자가
더 많이 필요해요.

당신이 여기 온 건 기쁘지만,
수백만 명이 몰려오면
어떡하지요?

국경 개방이 옳은 일이라고요?

어느 나라에서 태어날지는
자신이 결정할 수 없는 일이에요.
하지만 떠나고 싶으면 자유롭게 떠날 수 있어야 해요.
운이 좋아서 부유한 나라에서 태어났을 뿐인데,
다른 사람들의 권리를 부정하면 안 돼요.

듣기엔 좋은 말이지만, 다른 의견도 존중해야 해요.
대다수 사람이 이민에 반대하면
정부도 그 사람들 의견에 따라서
국경을 개방하지 말아야 한다고요.

사람들이 국경 개방에 반대하는 건
언론에서나 정치인들이
이민자가 일자리와 자원을 빼앗아 간다고
부당한 비난을 하기 때문이에요.

하지만 돈이나 일자리만 문제가 되는 건 아니에요.
우리 고유의 문화를 보전해야 하는 데
이민자들은 자신들만의 사고방식과 언어,
생활 방식도 가지고 오잖아요.

그건 좋은 일 같은데요?

지리학자들이 국경 개방 문제를 결정하지는 않지만,
사람들의 자유로운 이동이 세상을 어떻게 변화시킬지 예측함으로써
국경 개방 논쟁에 영향을 줄 수 있어요.

지도를 그대로 믿어도 될까요?

지도는 세계를 이해하는 데 도움을 주고 여러 요소 사이의 관계와 패턴을 보여 주어요. 하지만 쓸모 있는 지도를 만들려면 많은 것을 빼고 단순화하거나 가상의 내용을 담아야 할 때도 있어요. 따라서 지도를 볼 때는 다음과 같은 질문을 생각해 볼 필요가 있어요.

얼마나 정확한 지도인가요?

이것은 브라질의 수도 브라질리아의 지도로, 위성 사진을 바탕으로 만들었어요. 이 사진을 찍었을 때는 정확했지만, 시간이 지나면서 달라진 부분이 생겼어요.

지도에 표시된 것이 사실인가요?

이 지도에 표시된 내용을 어떻게 확인했을까요? 이 지도는 얼마나 믿을 만할까요?

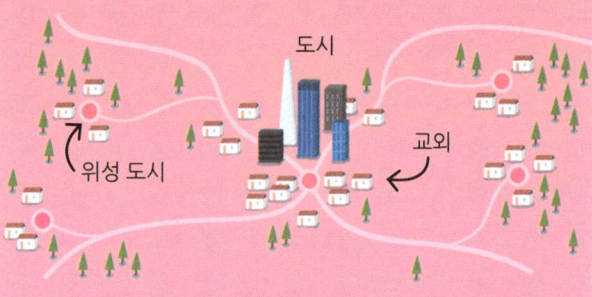

62쪽에 나와 있는 이 지도는 가상 도시의 모습이에요. 가상의 지도지만 도시가 성장하는 다양한 방식을 잘 보여 주어요.

어떤 표현 방식을 선택한 지도인가요?

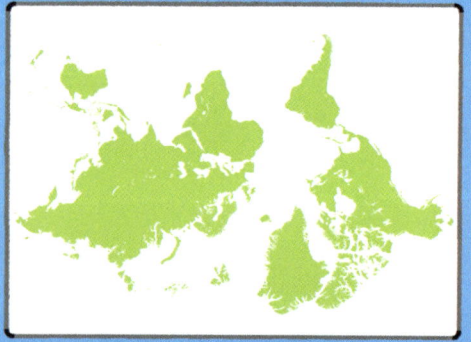

지구는 평면이 아니에요. 북쪽은 위쪽이 아니고 유럽도 세계의 중심이 아니에요. 하지만 지구를 그렇게 표현한 지도가 많아요. 똑같은 방식으로 만들어진 지도에 의문을 품으면, 세계를 다르게 볼 수 있어요.

단순하게 표현된 점이 있나요?

지도는 현실을 단순하게 표현해 놓았기 때문에 유용해요. 하지만 뒤집어 말하면, 현실의 복잡함과 불확실성을 잊어버릴 수도 있어요.

이건 일본의 도쿄도를 나타낸 지도예요. 가장 진한 부분은 가장 인구가 많은 지역이지요. 이 지도에서는 도심 지역과 주변 지역의 경계가 뚜렷하지만, 경계선 부근에 사는 주민들의 생각은 다를 수 있어요.

누가 만들었나요?

52~53쪽에 실린 남아시아 갠지스강의 지도는 유럽 사람들이 만든 것이에요. 그곳 주민들이 만든다면 지도가 어떻게 달라질까요?

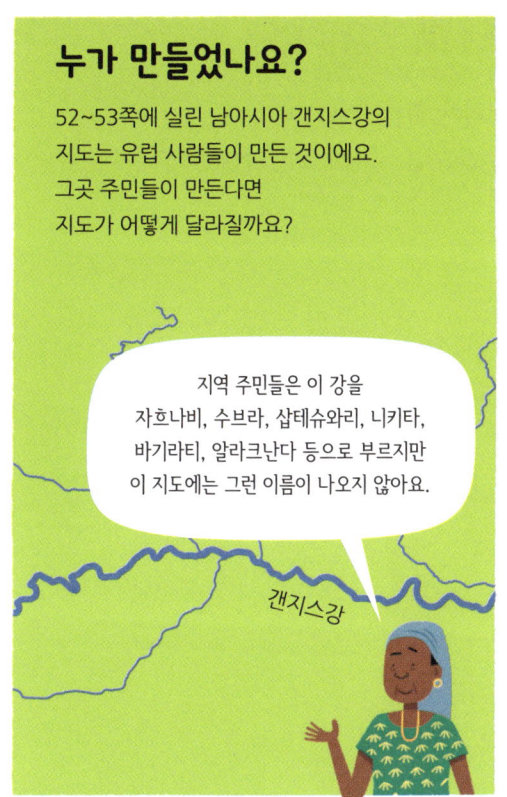

지역 주민들은 이 강을 자흐나비, 수브라, 샵테슈와리, 니키타, 바기라티, 알라크난다 등으로 부르지만 이 지도에는 그런 이름이 나오지 않아요.

갠지스강

이상한 점은 없나요?

인도네시아와 파푸아뉴기니의 국경은 어떻게 이렇게 직선일까요?

인도네시아
(서뉴기니)

파푸아뉴기니

19세기에 이 섬을 식민지로 삼은 영국과 네덜란드가 국경을 이렇게 그었어요. 지도에는 흔히 과거나 현재 권력자들의 영향력이 나타나 있어요.

지도가 무슨 말을 하려는 걸까요?

모든 지도는 전하려는 말이 있어요. 예를 들어 가뭄 지역을 진한 붉은색으로 표현한 이 지도는, 가뭄이 중요한 문제라는 것을 강조해요.

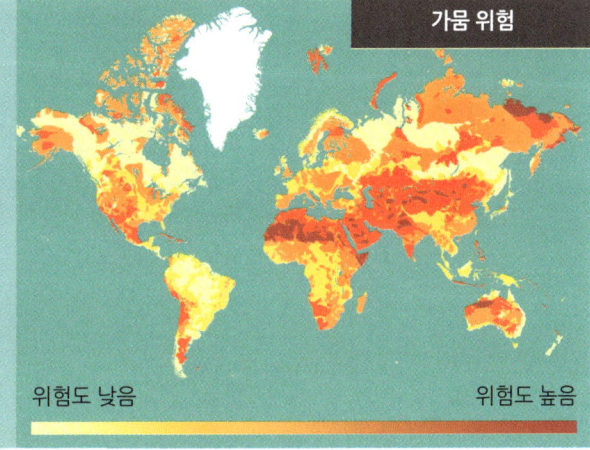

가뭄 위험

위험도 낮음　　　　　　　　위험도 높음

다음에 지도를 보면 이런 질문들을 떠올려 보세요. 그러면 그 지도가 전하려는 말이 무엇인지, 그 말을 얼마나 효과적으로 전달하고 있는지 판단할 수 있을 거예요.

내가 사는 지역 탐구하기

여러분은 자신이 사는 지역을 얼마나 잘 알고 있나요?
지리를 탐구하기 위해 낯설고 먼 지역으로 떠날 필요는 없어요.
자신이 사는 곳에서도 얼마든지 지리학을 할 수 있어요.

먼저 우리 지역에서 알아보고 싶은 정보를 정해요.

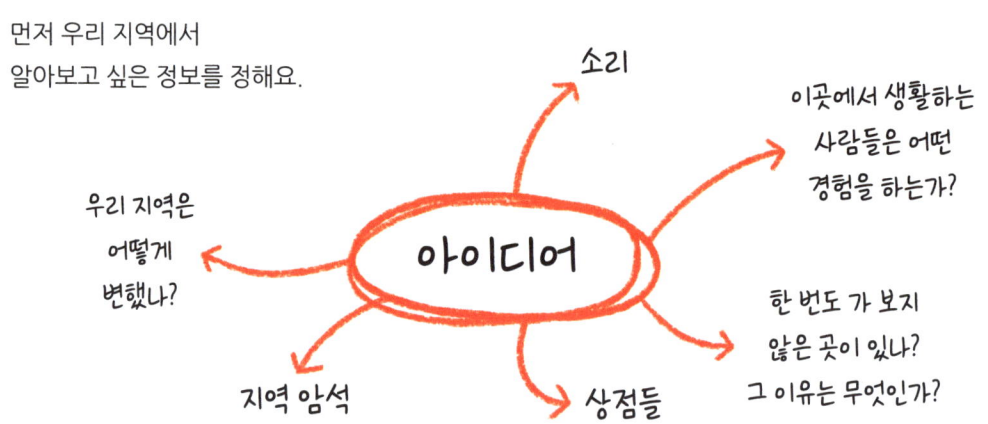

- 소리
- 이곳에서 생활하는 사람들은 어떤 경험을 하는가?
- 우리 지역은 어떻게 변했나?
- 아이디어
- 한 번도 가 보지 않은 곳이 있나? 그 이유는 무엇인가?
- 지역 암석
- 상점들

그런 다음, 여기 있는 방법 중 몇 가지를 써서 알아보아요.

자료 찾기

도서관에 가거나 인터넷을 검색하고, 책과 신문을 뒤져서 자신이 선택한 주제에 대해 알아보아요.

움직이는 지리학
도시 풍경 만들기
도시의 역사
시대별 지도

그림과 사진

자신이 정한 주제와 관련해 사진을 찍거나 간단히 그림으로 그려요.
이런 방법으로 주변 건물들을 살펴볼 수 있어요.

농민들은 왜 이 창고를 더는 쓰지 않나요?

비슷한 상점들이 서로 모여 있는 이유는 무엇인가요?

의외로 없는 것은 무엇인가요?

사람들의 이야기를 듣고 기록하기

사람들에게 특정한 장소에 대한
기억이나 생각과 감정을 물어보아요.
여러 사람이 공통으로 사용하는
단어나 주제가 있나요?
차이점은 무엇인가요?

우리 지역은 많이 달라졌어.
번잡함은 덜 해졌는데,
교통량은 훨씬 많아졌어!

위성 이미지 검색

구글어스 같은 웹사이트에 접속하면
지구의 어느 곳이든 위성 이미지를 볼 수 있어요.
위성 이미지로 우리 지역의
익숙한 건물, 도로, 녹지를 찾아보아요.
미처 몰랐던 사실을 발견할 수도 있어요.

구글어스에서는 과거의 이미지도 볼 수 있어요.
과거와 무엇이 달라졌는지 알아보아요.

지도 놀이

지도를 가지고 여러 가지 놀이를 할 수 있어요.
예를 들면 가족이나 친구가 방문한 적이 있는 나라를 찾아 색칠해 보는 거예요.

스마트폰 카메라로
QR 코드를 스캔하면
'어스본 바로가기'로 연결되어요.
세계 지도를 내려받아서
색칠 놀이를 할 수 있어요.

행동 지리학

녹색 공간을 만드는 일이나 오랜 전통을 보존하는 일을 할 때
지리학을 통해 변화를 만들어 내요. 이를 **행동 지리학**이라고 해요.
행동 지리학의 몇 가지 예를 살펴보아요.

헬륨 풍선

스마트폰을 보호하기 위해 페트병에 넣었어요.

풍선 줄

난민 캠프 지도 만들기

레바논으로 간 팔레스타인 난민들은
난민 캠프의 비좁은 공간에서 살아가요.
난민들은 지역 자선 단체의 도움을 받아
카메라를 단 풍선을 하늘로 띄워 올렸어요.

그 카메라로 찍은 사진들로
자세한 캠프 지도를 만들고,
그 지도를 보면서 캠프 안에 텃밭과
녹지를 만들 공간을 찾아냈어요.

권리 찾기

방랑의 권리는 유럽 일부 지역의 오랜 관습으로, 시골 들판이나 산을
누구든 자유롭게 다닐 수 있는 권리를 말해요. 노르웨이와 에스토니아 같은 나라에서는
이 권리를 법으로 보장하지만, 그렇지 않은 나라도 많아요.

영국에서도 이 권리를 보장하자는 운동을 벌이고 있어요.

우리에게 방랑의 권리를!

국토 보호

네덜란드는 세 개의 큰 강 하구에 자리를 잡은 데다, 국토 일부는 바다보다 지대가 낮아요. 따라서 홍수 위험이 높기 때문에 세계 최고 수준의 홍수 통제 시스템을 갖추고 있어요. 홍수 통제 시스템을 관리하는 '물관리국'은 투표로 뽑힌 지리학자들이 운영해요. 물관리국의 지리학자 의원들은 지난 몇십 년 동안 해안과 강가에 홍수를 막는 구조물을 만들었어요.

로테르담 같은 도시는 신기술을 많이 사용해요. 홍수가 나면, 넘치는 물이 주거 지역이 아닌 대형 차고나 스포츠 경기장으로 흘러 들어가도록 수로를 만들어 두었어요.

'강가 비우기' 사업을 벌여, 강에 바짝 붙어 있던 농장들을 강가에서 떨어진 곳으로 옮기게 했어요. 강물이 넘쳐도 농가에 피해가 생기지 않게 공간을 마련한 거예요.

이것은 **'매스란트케링 방벽'**으로, 지구상의 움직이는 구조물 가운데에서 손꼽힐 만큼 거대한 시설이에요. 두 개의 대형 강철 구조물을 펼치면 바닷물이 내륙으로 밀려들지 못해요. 큰 폭풍이 몰아쳐도 로테르담 항구에 바닷물이 범람하지 않도록 고안된 거예요.

해수면이 높아지고 강수량이 많아지면서 전 세계 많은 해안 지역에 홍수의 위험이 커지고 있어요. 네덜란드처럼 저지대 국가에 살고 있다면, 어려운 선택을 해야 할지도 몰라요. 계속해서 방파제를 만들면 될까요? 아니면 위험 지역을 떠나 다른 곳으로 가야 할까요?

지리학은 어디서든 할 수 있어요!

지리학은 온 세상 어디에서나 할 수 있어요.
지리학은 우리가 세계를 바라보는 한 가지 방식이에요.
지리학을 알면 세상을 더 잘 이해할 수 있고, 좋은 변화를 만들어 낼 수 있어요.
여러분도 어린이 지리학자가 되어 보아요!
다음과 같은 일을 할 수 있어요.

사람과 공간이 어떻게 서로 영향을 주고받는지 잘 살펴보아요.

우리 주변에서 고쳐야 할 점들을 발견할 수 있어요.

나무 심기 사업

또 새로운 시도를 할 수 있어요.

아니면 그저 자연의 신비에
감탄할 수도 있을 거예요.

우리 행성에서도
이런 일들을 할 수 있을지
봐야겠어.

우리가 세계를 더 잘 이해할수록,
우리가 사는 세상과 그곳에서 사는 존재들을
보호할 방법을 더 잘 알게 될 테니까.

안녕!

낱말 풀이

다음은 이 책에 나온 주요한 단어들의 뜻을 설명한 거예요. *이탤릭체*로 쓰인 단어는 이 낱말 풀이 안에 설명되어 있는 단어라는 것을 의미해요.

경도선 한 장소가 그리니치 자오선에서 동쪽이나 서쪽으로 얼마나 떨어져 있는지 보여 주는 선.

교외 도시 가장자리의 주거 지역.

국제연합(UN) 세계 평화를 지키고 빈곤과 불평등을 줄이는 것을 목표로 하는 국제 기구.

그리니치 자오선 북극에서 남극을 연결하는 *경도선* 가운데 영국 런던의 그리니치를 지나가는 가상의 선.

기상학 *대기*에서 일어나는 다양한 현상을 연구하고, *날씨*를 예측하는 학문.

기후 한 지역에서 여러 해에 걸쳐 나타난 *날씨*의 일반적인 상태.

난민 전쟁 등 여러 가지 위험을 피해 다른 나라로 떠난 사람.

날씨 특정 장소의 *대기* 상태. 기온이 높은지 낮은지, 날이 맑은지 비가 오는지 등을 가리켜요.

대기 지구를 둘러싼 공기의 층.

데이터 설문 조사 결과나 측정치 등 연구할 때 바탕이 되는 자료.

도시 사람이 많이 모여 사는 지역으로 정치, 경제, 문화의 중심이 되는 곳.

마그마 땅속 깊은 곳에서 암석이 녹은 물질.

맨틀 지각 아래쪽에 있는 두꺼운 층.

변성암 높은 열이나 압력으로 성질이 변한 암석.

보존 미래를 위해 땅이나 바다, 생물, 옛 건물 같은 것을 보호하는 일.

불의 고리 태평양 주변을 두르고 있는 화산 지대.

빙하 산기슭이나 계곡을 천천히 흘러 내려가는 거대한 얼음 덩어리.

생물군계 사막이나 열대 우림 등 특정 *기후*로 인해 특정한 동식물 집단이 사는 지역 유형.

세계화 세계 곳곳의 사람과 장소가 무역이나 음악, 예술, 인터넷, SNS 등으로 연결되는 일.

시골 도시에서 떨어져 있는 지역으로 자연과 쉽게 접할 수 있는 곳.

식민지 다른 나라의 지배를 받는 나라 또는 영토.

암석 순환 암석이 시간이 흐름에 따라 다른 종류로 변하는 일.

역학 질병이 여러 지역에서 발생하고 퍼지는 과정 등을 연구하는 학문.

온대 심한 더위나 추위, 강우, 가뭄 등이 없이 온화한 *기후*.

온실가스 이산화탄소 같은 *대기* 중 기체로, 지구의 열을 흡수해요. 온실가스가 많아지면 지구의 기온이 올라가요.

위도선 한 장소가 적도에서 남쪽이나 북쪽으로 얼마나 떨어져 있는지를 보여 주는 선.

유럽연합 유럽에 있는 27개 나라의 연합으로, 무역과 안보에서 공동의 규칙을 따라요.

이민 자기 나라를 떠나 다른 나라로 *이주*하는 일.

이주 사람이나 동물이 한 장소를 떠나 멀리 떨어진 장소로 이동하는 일.

인간개발지수(HDI) 기대 수명, 교육, 소득 등을 기초로 각 나라의 생활 수준을 평가한 것.

인구 특정 장소에 사는 사람들의 수.

인구 총조사 사회 전체를 대상으로 하는 공식 조사. 정부가 주거, 보건 등의 서비스를 계획할 때 사용하는 기본 자료.

인구학 출생률이나 보건 수준 등을 살펴 *인구*에 대해 연구하는 학문.

재생 에너지 바람, 햇빛, 바다처럼 계속 써도 다시 공급되는 *천연자원*으로 만드는 에너지.

저수지 물을 저장하는 인공 호수.

적도 지구 가운데를 두르고 지나가는 *위도선*. 지구는 적도를 경계로 북반구와 남반구로 나뉘어요.

지각 지구의 맨 바깥쪽 껍질.

지리 정보 시스템(GIS) 하나의 지도에 다양한 정보를 표시하는 일(Geographical Information System).

지진계 지진, 화산, 폭발이 일으키는 움직임이나 소리를 감지하는 기계.

지질학 암석과 지구의 역사를 연구하는 지구 과학의 한 분야.

천연자원 사람들이 사용하는 자연 세계의 물질들. 흙, 화석 연료, 물, 나무, 다이아몬드, 리튬, 철광석 등을 말해요.

초강대국 세계 문제에 아주 큰 영향력을 발휘하는 나라.

측량 땅을 정확하게 측정하는 일.

침식 흙과 암석이 바람, 비, 강물 같은 자연의 힘 때문에 쓸려 나가는 일.

토착민 외부인들이 이주해 오거나 *식민지*로 삼기 전부터 그 지역에서 살던 사람들.

통계 어떤 현상을 종합적으로 알아보기 쉽게 숫자로 나타내는 일.

퇴적암 모래, 진흙, 자갈이 층층이 쌓여서 만들어진 암석.

화석 고대 동식물의 유해가 돌로 변해서 암석 속에 보존된 것.

화석 연료 수백만 년 전에 땅속에 묻힌 동식물의 유해가 변해서 만들어진 석유, 석탄, 가스 같은 물질. 이것을 태워서 에너지를 얻어요.

화성암 마그마나 용암이 식어서 생겨난 암석으로, 화강암, 현무암 등이 있어요.

지리학 분야의 직업

지리학은 수, 언어, 지도, 사람을 다루는 학문으로, 다양한 분야와 겹치는 내용이 많아요.
지리학자는 많지 않지만, 많은 직업이 지리학과 관련이 있어요.
그중 몇 가지 직업을 함께 살펴보아요.

도시 계획가

도시 계획가는 도시를 설계하고 관리해요.
주택을 건설하고, 녹지를 확대하고,
도로와 철도망을 개선하는 등
큰 규모의 사업에 참여해요.

조경사(조경 설계사)

조경사는 도로나 건물, 공원,
정원 같은 시설이나 환경을
아름답고 편리하게 만드는 일을 해요.

나는 운하 주변의
보행로와 공간을 설계해요.

자연보호 활동가

사람들에게 자연을 가르치고 자연을 보호하는
일을 해요. 예를 들어, 오솔길을 보호하거나
나무를 심고, 야생 생물을 구조해요.

지도 제작자

지도 만드는 일을 해요. 지도 제작자들은 거의 모든 것에
관한 지도를 만들 수 있어요. 지도 제작자들은
종종 지리 정보 시스템(GIS) 분석가와 협력해요.
지리 정보 시스템 분석가는 디지털 지도를 사용해서
시간에 따른 변화의 흐름과 패턴을 분석해요.

나는 전염병을 연구하는 과학자예요.
질병의 패턴을 살펴보고
공중 보건 문제를 조사해요.

측량사

토지 측량사는 땅을 측량하고 건물, 언덕, 강, 경계선에 대한 데이터를 모아서 공장이나 기업에 필요한 정확한 부지 평면도를 만들어요.

나는 토지의 가치를 살펴보고 기업체에 현재 장소에서 확장하는 것과 다른 장소로 이전하는 것 중 어느 쪽이 비용이 덜 드는지 조언해 주어요.

이 도구는 각도를 측정해서 사물의 정확한 위치를 파악하는 데 사용해요.

환경 자문가

환경 자문가는 폭풍이나 기후 변화가 각 지역에 어떤 영향을 미칠지 설명해 주고, 기업들이 생태 친화적인 사업을 할 수 있는 방법을 찾아요.

나는 홍수 위험, 오수와 폐수, 해양 오염에 대한 데이터를 수집해요.

정치가

지방 의회같이 작은 단체에서부터 전 세계를 대상으로 일하는 국제기구에 이르기까지 모든 정치 집단의 활동에서 사람들이 어떻게 살아가는지에 대한 데이터를 모으는 것이 필요해요.

광산업

광산업에는 많은 지리학 지식이 필요해요. 지질 공학자는 광산을 설계하고 굴을 팔 장소를 탐색해요. 물을 연구하는 수문학자는 지하수를 보호할 방법을 조언하고, 지진학자는 땅의 움직임을 살펴보아요.

에너지 산업

지리학의 지식과 기술은 풍력, 태양광, 조력 발전뿐 아니라 원자력, 석유, 천연가스 같은 모든 에너지 산업에 유용하게 쓰여요.

나는 사진기자예요. 아프리카 잠베지강의 사진을 찍어서, 토목 공사 때문에 민물이 사라지는 모습을 기록해요.

찾아보기

ㄱ

가뭄 36, 40, 54, 97, 98, 99, 105, 115
강 5, 6, 8, 12, 24, 36, 43, 46, 47, 52~53, 54~55, 58, 62, 71, 77, 78, 82, 115, 119, 125
개발 7, 28~29, 50, 55, 65, 74, 83, 93~98, 104~105
갠지스강 52~53, 115
거대 도시 67, 68
경도선 11
경제 66, 68~70, 81, 82~83, 84~85, 88~89, 94~97, 98, 113
경제지리학 7
공해 67, 70~71, 82, 103
광산 22, 29, 125
교외 62, 114
교육 66, 83, 91, 93, 95, 97, 98~99
국경 7, 29, 77~79, 101, 107, 112, 113, 115
국제연합(UN) 89, 98, 112
그리니치 자오선 11
금속 18, 22, 26~27, 28
기대 수명 7, 94~95
기상학(기후학) 7, 31
기후 6, 31, 38~41, 42, 48, 97, 104
기후 변화 12, 27, 28, 29, 39, 40~41, 89, 125
기후 위기 87, 97

ㄴ

나비 효과 35
나이지리아 68, 82~83
난민 91, 97, 112, 118
날씨 7, 30~40, 48, 52, 104
남아메리카 41, 42, 78, 104
네덜란드 79, 95, 106, 115, 119
노르웨이 95, 118
노예 무역 106
농업 6, 54~55, 58, 103

ㄷ

뉴기니 115
뉴욕 51, 67

ㄷ

대기 6, 27, 31~33, 35, 39, 103
대륙 16~17, 41, 49, 106~107
대서양 10, 48
대양 48~49
데이터 9, 12~13, 34~35, 39, 68, 75, 93~95, 98, 125
덴마크 72, 73, 95
도시 4, 6, 13, 29, 40~41, 43, 51, 55, 56~75, 101, 108~109, 110, 114, 116, 119
도시 계획 65, 70, 71, 109
도시지리학 7, 60~72
도쿄 64, 67, 114
디지털 지리학 110~111

ㄹ

러시아 19, 50, 79, 81
런던 13, 67
리오그란데강 78

ㅁ

마그마 21
마다가스카르 79
마리아나 해구 20~27
말리 63
멕시코 78
무역 5, 63, 68, 72, 80~81, 84~85, 88~89, 96, 97
문화 7, 65, 69, 84~86, 88, 107
물 5, 6, 13, 16~17, 21, 25, 36, 40, 44~55, 58, 67, 71, 77, 94, 99, 104~105, 119, 125
물의 순환 47
미국 35, 36~37, 39, 51, 69, 78, 88, 90
미얀마 36

ㅂ

바다 6, 16~17, 21, 24~25, 29, 35, 38~39, 46~47, 48~49, 50~51, 53, 72, 79, 82, 102, 119
바티칸시 61
방글라데시 53, 85, 97
베트남 38
벨기에 79, 107
보건 66~67, 91, 93, 95, 97
볼리비아 78, 104
북극해 40, 48, 50
북아메리카 41, 66
브라질 35, 63, 81, 114
빈곤 7, 65, 72, 98, 99

ㅅ

사막 4, 6, 38, 40, 42, 54, 63
사우디아라비아 38, 68, 90
사이클론 36, 97
산(산맥) 6, 15, 20~21, 22~23, 25, 38, 42, 47, 48, 52, 77, 78, 82, 103, 104~105, 118
산업 5, 6, 53, 59, 63, 65, 66, 68, 82~83, 103, 125
삶의 질 70~71, 93
생물군계 42~43
서울 65, 67
석유 7, 26~27, 77, 82
설문 조사 9, 75, 95, 109
섬 51, 63, 79, 106, 115
세계 지도 10~11, 20, 40, 48~49, 78~79, 98, 117
세계화 84~87
소말리아 84, 97, 99
수문학 6
숲 4, 6, 36, 42~43, 58, 71, 74, 87, 103
스웨덴 72~73, 95
스위스 82~83, 95, 96
스페인 69, 85, 105, 106
시골 55~56, 59, 66, 74, 118
식량 43, 54, 74, 83, 99, 111
식민지 106~107, 115
신도시 68
쓰나미 21

ㅇ

아디스아바바 11, 68

아랍에미리트 연합국(UAE) 90
아마존 42~43, 91
아시아 36, 41, 52, 57, 67, 81, 84, 115
아이티 97, 107
아프리카 10, 41, 52, 57, 63, 67, 68, 82, 84, 95, 106, 111, 125
안데스 42, 104
암석 6, 8, 15, 16~17, 18~19, 20~21, 22~23, 24~25, 26~27, 28~29, 46~47, 102, 116
앙골라 107
애설스턴 스필하우스 48
얼음 7, 16~17, 24~25, 39, 40, 46, 50~51, 102
에너지 27, 28~29, 41, 45, 55, 74, 82~83, 105, 125
에스토니아 118
에티오피아 11, 97
여성과 지리학 94, 98, 99, 101, 108~109
역사 16~17, 24, 29, 36, 63, 65, 83, 90, 101, 102~103, 104~105, 106~107
열대 우림 42, 43
열점 20
영국 11, 13, 66, 83, 106, 111, 115, 118
오스트레일리아 36, 95
오스트리아 109
오존층 32
온실가스 27, 33, 39, 41, 103
외레순 다리 72~73
용암 17, 23, 24
우주 24, 32~33, 46
우크라이나 81, 85
원조 36, 99, 111
위도선 11
위성 도시 62, 114
유럽연합(EU) 89, 112
읍 58~59, 60~61, 62
이민자 90~91, 113
이탈리아 63, 112
인간개발지수(HDI) 95, 96
인구 6, 9, 36, 51, 54~55, 57, 58~59, 60~61, 63, 64, 66~67, 68~69, 73, 74, 78~79, 82~83, 88, 90, 94, 113, 114
인도 40, 52~53, 79, 84, 90
인도네시아 51, 98, 115
인류세 103
인터넷 9, 32, 59, 74, 75, 85, 110~111, 116
일본 40, 60, 64, 112, 114

ㅈ

자연재해 21, 36, 67, 91, 97, 99, 107
　기상 재해 36~37, 40
　해수면 상승 40~41, 51, 63
자이언츠 코즈웨이 24
적도 10~11, 38
전쟁 67, 78, 80, 84, 89, 91, 97, 98, 108
정부 7, 36, 43, 60, 66, 68, 70, 74, 75, 77, 78, 83, 97, 98, 113, 125
정치 77, 84~85, 106
정치지리학 7, 81
조안 셸든 39
존 스노 13
중국 53, 68, 84~85
지구 과학 6
지구 온난화 33, 39, 41, 50~51, 53, 70, 87, 103
지도 8, 10~11, 12~13, 20~21, 37, 42~43, 48~49, 51, 78~79, 81, 98, 101, 106, 110, 111, 114~115, 117, 118
지리 정보 시스템(GIS) 12~13, 37, 98
지진 19, 21, 24, 67, 91, 97
지질 구조판 16~17, 20~21, 25
지질학 6, 16~29, 102~103
지표 94~95
질병 5, 13, 83, 99, 106, 111

ㅊ

천연가스 26~27, 81, 82, 125
초강대국 77, 88~89
촌락 57, 74
촌락지리학 6, 74~75
출생률 66~67, 68

침식 8, 51

ㅋ

카리브해 106~107
카타르 55
캐나다 60~61
코소보 78~79
콩고 22, 107
키리바시 51

ㅌ

태양 18, 27, 28, 32
태평양 10, 20~21, 40, 48~49, 51
태풍 36~37, 67
토네이도 36
토착민 43, 106~107

ㅍ

폭풍 5, 7, 34~35, 36, 119, 125
풍력 발전기 26, 28
플라스틱 26, 28, 49, 53, 103

ㅎ

해구 20~21
해령과 해팽 21, 48
해류 48
해수면 21, 32~33, 36, 40~41, 50~51, 53, 63, 119
해저 산맥 48
행복 지수 95
허리케인 36~37
홍수 5, 7, 12, 36, 41, 51, 53, 67, 90, 97, 98, 105, 119, 125
화산 5, 15, 17, 20, 21, 22~23, 67, 97
화석 6, 11, 17, 102
화석 연료 27, 28, 39, 70, 82
환경지리학 6
히말라야 20~21, 52~53

이 책을 만든 사람들

미나 레이시, 라라 브라이언, 사라 헐
글

알렉스 프리스
편집

웨슬리 로빈스
그림

새뮤얼 고램, 프레야 해리슨
디자인

크레이그 애스키스
지도 그림

스티븐 몬크리프
시리즈 디자인

제인 치즘
시리즈 편집

로저 트렌드 박사
지리학 감수

인종 차별주의를 반대하는
'쇼 레이시즘 더 레드 카드'
다양성 감수

어스본 출판사는 '어스본 바로가기'에서 추천하는 웹 사이트들을 규칙적으로 확인하고 있습니다. 하지만 어스본 출판사는 다른 웹 사이트의 내용에 대해서는 책임지지 않습니다. 다른 추천 사이트들을 살펴보다가 바이러스에 걸릴 경우, 어스본 출판사는 피해에 대해 법적 책임이 없습니다.

한국어판 1판 1쇄 펴냄 2023년 12월 1일
옮김 고정아 편집 김산정, 유채린 디자인 황혜련 펴낸곳 (주)비룡소인터내셔널 전화 02)6207-5007 팩스 02)515-2007
한국어판 저작권 ⓒ 2023 Usborne Publishing Limited
영문 원서 Geography for beginners 1판 1쇄 펴냄 2023년
글 미나 레이시 외 그림 웨슬리 로빈스 디자인 새뮤얼 고램 외 감수 로저 트렌드 외
펴낸곳 Usborne Publishing Limited usborne.com
영문 원서 저작권 ⓒ 2023 Usborne Publishing Limited

이 책의 영문 원서 저작권과 한국어판 저작권은 Usborne Publishing Limited에 있습니다.
저작권법에 의하여 한국 내에서 보호를 받는 저작물이므로 무단전재와 복제를 금합니다.
어스본 이름과 풍선 로고는 Usborne Publishing Limited의 트레이드 마크입니다.

*이 책에는 네이버 나눔글꼴을 사용하였습니다.